Jean-Paul Sartre

La p...
respectueuse

PIÈCE EN UN ACTE
ET DEUX TABLEAUX

suivi de

Morts sans sépulture

PIÈCE EN DEUX ACTES
ET QUATRE TABLEAUX

Gallimard

La p... respectueuse

PERSONNAGES

LIZZIE	*Héléna Bossis*
FRED	*Yves Vincent*
LE SÉNATEUR	*Robert Moor*
LE NÈGRE	*Habib Benglia*
JOHN	*Roland Bailly*
JAMES	*Maik*

Plusieurs hommes :

1er HOMME	*Eugène Durand*
2e HOMME	*Michel Jourdan*

PREMIER TABLEAU

Une chambre dans une ville américaine du Sud. Murs blancs. Un divan. A droite, une fenêtre, à gauche, une porte (salle de bains). Au fond, une petite antichambre donnant sur la porte d'entrée.

SCÈNE I

LIZZIE, *puis* LE NÈGRE.

Avant que le rideau se lève, bruit de tempête sur la scène. Lizzie est seule, en bras de chemise, elle manœuvre l'aspirateur. On sonne. Elle hésite, regarde vers la porte de la salle de bains. On sonne à nouveau. Elle arrête l'aspirateur et va entrouvrir la porte de la salle de bains.

LIZZIE, *à mi-voix.*

On sonne, ne te montre pas. *(Elle va ouvrir. Le nègre apparaît dans le cadre de la porte. C'est un gros et grand nègre à cheveux blancs. Il se tient raide.)* Qu'est-ce que c'est? Vous devez vous trom-

per d'adresse. *(Un temps.)* Mais qu'est-ce que vous
voulez? Parlez donc.

LE NÈGRE, *suppliant.*

S'il vous plaît, madame, s'il vous plaît.

LIZZIE

De quoi? *(Elle le regarde mieux.)* Attends. C'est
toi qui étais dans le train? Tu as pu leur échapper?
Comment as-tu trouvé mon adresse?

LE NÈGRE

Je l'ai cherchée, madame, je l'ai cherchée partout.
(Il fait un geste pour entrer.) S'il vous plaît!

LIZZIE

N'entre pas. J'ai quelqu'un. Mais qu'est-ce que tu
veux?

LE NÈGRE

S'il vous plaît.

LIZZIE

Mais quoi? quoi? tu veux de l'argent?

LE NÈGRE

Non, madame. *(Un temps.)* S'il vous plaît, dites-
lui que je n'ai rien fait.

LIZZIE

A qui?

LE NÈGRE

Au juge. Dites-le-lui, madame. S'il vous plaît, dites-le-lui.

LIZZIE

Je ne dirai rien du tout.

LE NÈGRE

S'il vous plaît.

LIZZIE

Rien du tout. J'ai assez d'embêtements dans ma propre vie, je ne veux pas m'appuyer ceux des autres. Va-t'en.

LE NÈGRE

Vous savez que je n'ai rien fait. Est-ce que j'ai fait quelque chose?

LIZZIE

Tu n'as rien fait. Mais je n'irai pas chez le juge. Les juges et les flics, je les rends par les trous de nez.

LE NÈGRE

J'ai quitté ma femme et mes enfants, j'ai tourné en rond toute la nuit. Je n'en peux plus.

LIZZIE

Quitte la ville.

LE NÈGRE

Ils guettent dans les gares.

LIZZIE

Qui est-ce qui guette?

LE NÈGRE

Les blancs.

LIZZIE

Quels blancs?

LE NÈGRE

Tous les blancs. Vous n'êtes pas sortie ce matin?

LIZZIE

Non.

LE NÈGRE

Il y a beaucoup de gens dans les rues. Des jeunes et des vieux; ils s'abordent sans se connaître.

LIZZIE

Qu'est-ce que ça veut dire?

LE NÈGRE

Ça veut dire qu'il ne me reste plus qu'à courir en rond jusqu'à ce qu'ils m'attrapent. Quand des blancs qui ne se connaissent pas se mettent à parler entre eux, il y a un nègre qui va mourir. *(Un temps.)* Dites que je n'ai rien fait, madame. Dites-le au juge; dites-le aux gens du journal. Peut-être qu'ils l'imprimeront. Dites-le, madame, dites-le! dites-le!

LIZZIE

Ne crie pas. J'ai quelqu'un. *(Un temps.)* Pour le

journal, n'y compte pas. C'est pas le moment de me faire remarquer. *(Un temps.)* S'ils me forcent à témoigner, je te promets de leur dire la vérité.

LE NÈGRE

Vous leur direz que je n'ai rien fait?

LIZZIE

Je leur dirai.

LE NÈGRE

Vous me le jurez, madame?

LIZZIE

Oui, oui.

LE NÈGRE

Sur le bon Dieu qui nous voit?

LIZZIE

Oh! va te faire foutre. Je te le promets, ça doit te suffire. *(Un temps.)* Mais va-t'en! Va-t'en donc!

LE NÈGRE, *brusquement.*

S'il vous plaît, cachez-moi.

LIZZIE

Te cacher?

LE NÈGRE

Vous ne voulez pas, madame? Vous ne voulez pas?

LIZZIE

Te cacher! Moi? Tiens. *(Elle lui claque la porte au nez.)* Pas d'histoires. *(Elle se tourne vers la salle de bains.)* Tu peux sortir.

Fred sort en bras de chemise, sans col ni cravate.

SCÈNE II

LIZZIE, FRED.

FRED

Qu'est-ce que c'était?

LIZZIE

C'était rien.

FRED

Je croyais que c'était la police.

LIZZIE

La police? Tu as quelque chose à faire avec la police?

FRED

Moi, non. Je croyais que c'était pour toi.

LIZZIE, *offensée.*

Dis donc! Je n'ai jamais pris un sou à personne!

FRED

Et tu n'as jamais eu affaire à la police?

LIZZIE

Pas pour des vols, en tout cas.

Elle s'active avec l'aspirateur. Bruit de tempête.

FRED, *agacé par le bruit.*

Ha!

LIZZIE, *criant pour se faire entendre.*

Qu'est-ce qu'il y a, mon chéri?

FRED, *criant.*

Tu me casses les oreilles.

LIZZIE, *criant.*

J'ai bientôt fini. *(Un temps.)* Je suis comme ça.

FRED, *criant.*

Comment?

LIZZIE, *criant.*

Je te dis que je suis comme ça.

FRED, *criant.*

Comme quoi?

LIZZIE, *criant.*

Comme ça. Le lendemain matin, c'est plus fort que moi : il faut que je prenne un bain et que je passe l'aspirateur.

Elle abandonne l'aspirateur.

FRED, *désignant le lit.*

Pendant que tu y es, couvre ça.

LIZZIE

Quoi?

FRED

Le lit. Je te dis de le couvrir. Ça sent le péché.

LIZZIE

Le péché? Où vas-tu chercher ce que tu dis? Tu es pasteur?

FRED

Non. Pourquoi?

LIZZIE

Tu parles comme la Bible. *(Elle le regarde.)* Non, tu n'es pas pasteur : tu te soignes trop. Fais voir tes bagues. *(Avec admiration.)* Oh, dis donc! dis donc! Tu es riche?

FRED

Oui.

LIZZIE

Très riche?

FRED

Très.

LIZZIE

Tant mieux. *(Elle lui met les bras autour du cou*

et lui tend ses lèvres.) Je trouve que c'est mieux pour un homme, d'être riche, ça donne confiance.

> *Il hésite à l'embrasser puis se détourne.*

FRED

Couvre le lit.

LIZZIE

Bon. Bon, bon! Je vais le couvrir. *(Elle le couvre et rit toute seule.)* « Ça sent le péché! » J'aurais pas trouvé ça. Dis donc, c'est *ton* péché, mon chéri. *(Geste de Fred.)* Oui, oui : c'est le mien aussi. Mais j'en ai tant sur la conscience... *(Elle s'assied sur le lit et force Fred à s'asseoir près d'elle.)* Viens. Viens t'asseoir sur *notre* péché. C'était un beau péché, hein? Un péché mignon. *(Elle rit.)* Mais ne baisse pas les yeux. Est-ce que je te fais peur? *(Fred la serre brutalement contre lui.)* Tu me fais mal! Tu me fais mal! *(Il la lâche.)* Drôle de pistolet! Tu n'as pas l'air bon. *(Un temps.)* Dis-moi ton petit nom. Tu ne veux pas? Ça me gêne, tu sais, de ne pas savoir ton petit nom. Ça sera bien la première fois. Le nom de famille, c'est bien rare s'ils le disent, et je les comprends. Mais le petit nom! Comment veux-tu que je vous distingue les uns des autres si je ne sais pas vos petits noms. Dis-le-moi, mon chéri?

FRED

Non.

LIZZIE

Alors, tu seras Monsieur sans nom. *(Elle se lève.)* Attends. Je vais finir de ranger. *(Elle déplace quelques objets.)* Là. Là. Tout est en ordre. Les chaises en rond autour de la table : c'est plus distingué. Tu ne connais pas un marchand de gravures? Je voudrais mettre des images au mur. J'en ai une dans ma malle, une belle. *La Cruche cassée*, ça s'appelle; on voit une jeune fille; elle a cassé sa cruche, la pauvre. C'est français.

FRED

Quelle cruche?

LIZZIE

Je ne sais pas, moi : sa cruche. Elle devait avoir une cruche. Je voudrais une vieille grand-mère pour lui faire pendant. Elle tricoterait ou elle raconterait une histoire à ses petits-enfants. Ah! je vais tirer les rideaux et ouvrir la fenêtre. *(Elle le fait.)* Ce qu'il fait beau! Voilà une journée qui commence. *(Elle s'étire.)* Ha! je me sens à mon aise : il fait beau, j'ai pris un bon bain, j'ai bien fait l'amour; ce que je suis bien, ce que je me sens bien! Viens voir ma vue; viens! J'ai une belle vue. Rien que des arbres, ça fait riche. Dis donc, j'ai eu du pot : du premier coup j'ai trouvé une chambre dans les beaux quartiers. Tu ne viens pas? Tu n'aimes donc pas ta ville?

FRED

Je l'aime de ma fenêtre.

LIZZIE, *brusquement.*

Ça ne porte pas malheur, au moins, de voir un nègre au réveil?

FRED

Pourquoi?

LIZZIE

Je... il y en a un qui passe sur le trottoir d'en face.

FRED

Ça porte toujours malheur de voir des nègres. Les nègres, c'est le Diable. *(Un temps.)* Ferme la fenêtre.

LIZZIE

Tu ne veux pas que j'aère?

FRED

Je te dis de fermer la fenêtre. Bon. Et tire les rideaux. Rallume.

LIZZIE

Pourquoi? C'est à cause des nègres?

FRED

Imbécile.

LIZZIE

Il fait un si beau soleil.

FRED

Pas de soleil ici. Je veux que ta chambre reste comme elle était cette nuit. Ferme la fenêtre, je te dis. Le soleil, je le retrouverai dehors. *(Il se lève, va vers elle et la regarde.)*

LIZZIE, *vaguement inquiète.*

Qu'est-ce qu'il y a?

FRED

Rien. Donne-moi ma cravate.

LIZZIE

Elle est dans la salle de bains. *(Elle sort. Fred ouvre rapidement les tiroirs de la table et fouille, Lizzie rentre avec la cravate.)* La voilà! Attends. *(Elle lui fait le nœud.)* Tu sais, je ne fais pas souvent le client de passage parce qu'il faut voir trop de figures nouvelles. Mon idéal, ce serait d'être une chère habitude pour trois ou quatre personnes d'un certain âge, un le mardi, un le jeudi, un pour le week-end. Je te dis ça : tu es un peu jeune, mais tu as le genre sérieux, des fois que tu te sentirais tenté. Bon, bon, je ne dis plus rien. Tu y réfléchiras! Là! Là! Tu es beau comme un astre. Embrasse-moi, mon joli; embrasse-moi pour la peine. Tu ne veux pas m'embrasser?

> *Il l'embrasse brusquement et brutalement puis la repousse.*

Ouf!

FRED

Tu es le Diable.

LIZZIE

Hein?

FRED

Tu es le Diable.

LIZZIE

Encore la Bible! Qu'est-ce qui te prend?

FRED

Rien. Je me marrais.

LIZZIE

Tu as de drôles de façons de te marrer. *(Un temps.)*
Tu es content?

FRED

Content de quoi?

LIZZIE, *elle l'imite en souriant.*

Content de quoi? Que tu es bête, ma petite fille.

FRED

Ah! Ah! oui... Très content. Très content. Combien
veux-tu?

LIZZIE

Qui est-ce qui te cause de ça? Je te demande si
tu es content, tu peux bien me répondre gentiment.
Qu'est-ce qu'il y a? Tu n'es pas vraiment content?
Oh! ça m'étonnerait, tu sais, ça m'étonnerait.

FRED

Ferme-la.

LIZZIE

Tu me serrais fort, tellement fort. Et puis tu m'as
dit tout bas que tu m'aimais.

FRED

Tu étais soûle.

LIZZIE

Non, je n'étais pas soûle.

FRED

Si, tu étais soûle.

LIZZIE

Je te dis que non.

FRED

En tout cas, moi je l'étais. Je ne me rappelle rien.

LIZZIE

C'est dommage. Je me suis déshabillée dans la salle de bains et quand je suis retournée près de toi, tu es devenu tout rouge, tu ne te rappelles pas? Même que j'ai dit : « Voilà mon écrevisse. » Tu ne te rappelles pas que tu as voulu éteindre la lumière et que tu m'as aimée dans le noir? J'ai trouvé ça gentil et respectueux. Tu ne te rappelles pas?

FRED

Non.

LIZZIE

Et quand on jouait aux deux nouveau-nés qui sont dans le même berceau? Ça, tu te rappelles?

FRED

Je te dis de la boucler. Ce qu'on fait la nuit appartient à la nuit. Le jour, on n'en parle pas.

LIZZIE, *avec défi.*

Et si ça me fait plaisir d'en parler? J'ai bien rigolé, tu sais.

FRED

Ah! tu as bien rigolé. *(Il marche sur elle, lui caresse doucement les épaules et referme ses mains autour de son cou.)* Ça vous fait toujours rigoler quand vous croyez avoir entortillé un homme. *(Un temps.)* Je l'ai oubliée ta nuit. Complètement oubliée. Je revois le dancing, c'est tout. Le reste, c'est toi qui te le rappelles, toi seule. *(Il lui serre le cou.)*

LIZZIE

Qu'est-ce que tu fais?

FRED

Je te serre le cou.

LIZZIE

Tu me fais mal.

FRED

Toi seule. Si je serrais un tout petit peu plus, il n'y aurait plus personne au monde pour se rappeler cette nuit. *(Il la lâche.)* Combien veux-tu.

LIZZIE

Si tu as oublié, c'est que j'ai mal travaillé. Je ne veux pas que tu paies de l'ouvrage mal fait.

FRED

Pas d'histoires : combien?

Écoute donc; je suis ici depuis avant-hier, tu es
le premier qui me fait visite : au premier je me donne
pour rien, ça portera bonheur.

FRED

Je n'ai pas besoin de tes cadeaux.

Il pose un billet de dix dollars sur la table.

LIZZIE

Je n'en veux pas de ton fafiot, mais je vais voir à
combien tu m'estimes. Attends, que je devine! *(Elle
prend le billet et ferme les yeux.)* Quarante dollars?
Non. C'est trop et puis il y aurait deux billets. Vingt
dollars? Non plus? Alors, c'est que c'est plus de
quarante dollars. Cinquante. Cent? *(Pendant tout
ce temps, Fred la regarde en riant silencieusement.)*
Tant pis, j'ouvre les yeux. *(Elle regarde le billet.)*
Tu ne t'es pas trompé?

FRED

Je ne crois pas.

LIZZIE

Tu sais ce que tu m'as donné?

FRED

Oui.

LIZZIE

Reprends-le. Reprends-le tout de suite. *(Il le
refuse du geste.)* Dix dollars! On t'en foutra, des
jeunes filles comme moi, pour dix dollars! Tu les as

vues, mes jambes? *(Elle les lui montre.)* Et mes seins,
tu les as vus? Est-ce que ce sont des seins de dix dollars? Reprends ton billet et tire-toi, avant que je me
fiche en colère. Monsieur voulait tout le temps recom-
mencer, Monsieur m'a demandé de lui raconter mon
enfance; et, ce matin, Monsieur s'est offert des mau-
vaises humeurs, il m'a fait la gueule comme s'il me
payait au mois : tout ça pour combien? Pas pour
quarante, pas pour trente, pas pour vingt : pour *dix*
dollars.

FRED

Pour une cochonnerie, c'est large.

LIZZIE

Cochon toi-même! D'où sors-tu, paysan? Ta mère
devait être une fière traînée, si elle ne t'a pas appris
à respecter les femmes.

FRED

Vas-tu te taire?

LIZZIE

Une fière traînée! Une fière traînée!

FRED, *d'une voix blanche.*

Un conseil, ma petite : ne parle pas trop souvent
de leurs mères aux gars de chez nous, si tu ne veux
pas te faire étrangler.

LIZZIE, *marchant sur lui.*
Étrangle-moi donc! Étrangle-moi pour voir!

FRED, *reculant.*

Tiens-toi tranquille. *(Lizzie prend une potiche sur la table dans l'intention évidente de la lui casser sur la tête.)* Voilà dix dollars de plus, mais tiens-toi tranquille. Tiens-toi tranquille ou je te fais boucler!

LIZZIE

Toi, tu me ferais boucler?

FRED

Moi.

LIZZIE

Toi?

FRED

Moi.

LIZZIE

Ça m'étonnerait.

FRED

Je suis le fils de Clarke.

LIZZIE

Quel Clarke?

FRED

Le sénateur.

LIZZIE

Vraiment? Et moi je suis la fille de Roosevelt.

FRED

Tu as vu la tête de Clarke dans les journaux?

LIZZIE

Oui... Après?

FRED

Le voilà. *(Il montre une photo.)* Je suis à côté de lui, il me tient par l'épaule.

LIZZIE, *subitement calmée.*

Dis donc! Ce qu'il est bien, ton père! Laisse-moi voir.

> *Fred lui arrache la photo des mains.*

FRED

Ça suffit.

LIZZIE

Ce qu'il est bien. Il a l'air si juste, si sévère! C'est vrai ce qu'on dit, que sa parole est de miel? *(Il ne répond pas.)* Le jardin, il est à vous?

FRED

Oui.

LIZZIE

Il a l'air si grand. Et les petites sur les fauteuils, ce sont tes sœurs? *(Il ne répond pas.)* Elle est sur la colline, ta maison?

FRED

Oui.

LIZZIE

Alors, le matin, quand tu prends ton breakfast, tu vois toute la ville de ta fenêtre?

FRED

Oui.

LIZZIE

Est-ce qu'on sonne la cloche, aux heures des repas, pour vous appeler? Tu peux bien me répondre.

FRED

On tape sur un gong.

LIZZIE, *extasiée*.

Sur un gong! Je te comprends pas. Moi, avec une famille pareille et une pareille maison, faudrait me payer pour que je découche. *(Un temps.)* Pour ta maman, je m'excuse : j'étais en colère. Est-ce qu'elle est aussi sur la photo?

FRED

Je t'ai défendu de me parler d'elle.

LIZZIE

Bon, bon. *(Un temps.)* Je peux te poser une question? *(Il ne répond pas.)* Si l'amour te dégoûte, qu'est-ce que tu es venu faire chez moi? *(Il ne répond pas. Elle soupire.)* Enfin! A tant faire que d'être ici, j'essaierai de m'habituer à vos manières.

> *Un temps. Fred se donne un coup de peigne devant la glace.*

FRED

Tu viens du Nord?

LIZZIE

Oui.

FRED

De New York?

LIZZIE

Qu'est-ce que ça peut te faire?

FRED

Tu as parlé de New York tout à l'heure.

LIZZIE

Tout le monde peut parler de New York, ça ne prouve rien.

FRED

Pourquoi n'es-tu pas restée là-bas?

LIZZIE

J'en avais marre.

FRED

Des ennuis?

LIZZIE

Bien sûr : je les attire, il y a des natures comme ça. Tu vois ce serpent? *(Elle lui montre le bracelet.)* Il porte la poisse.

FRED

Pourquoi le mets-tu?

LIZZIE

A présent que je l'ai, il faut que je le garde. Il
paraît que c'est terrible, les vengeances de serpent.

FRED

C'est toi que le nègre a voulu violer?

LIZZIE

Quoi?

FRED

Tu es arrivée avant-hier par le rapide de six heures?

LIZZIE

Oui.

FRED

Alors, c'est bien toi.

LIZZIE

Personne n'a voulu me violer. *(Elle rit avec un peu
d'amertume.)* Me violer! Tu te rends compte?

FRED

C'est toi, Webster me l'a dit hier, au dancing.

LIZZIE

Webster? *(Un temps.)* C'est donc ça!

FRED

Quoi?

LIZZIE

C'est donc ça que tes yeux brillaient. Ça t'excitait, hein? Salaud! Avec un père qui est si bon.

FRED

Imbécile. *(Un temps.)* Si je pensais que tu as couché avec un noir...

LIZZIE

Eh bien?

FRED

J'ai cinq domestiques de couleur. Quand on m'appelle au téléphone et que l'un d'eux décroche l'appareil, il l'essuie avant de me le tendre.

LIZZIE, *sifflement admiratif.*

Je vois.

FRED, *doucement.*

Nous n'aimons pas beaucoup les nègres, ici. Ni les blanches qui s'amusent avec eux.

LIZZIE

Suffit. J'ai rien contre eux, mais je ne voudrais pas qu'ils me touchent.

FRED

Est-ce qu'on sait? Tu es le Diable. Le nègre aussi est le Diable... *(Brusquement.)* Alors? Il a voulu te violer?

LIZZIE

Mais qu'est-ce que ça peut te faire?

FRED

Ils sont montés à deux dans ton compartiment. Au bout d'un moment, ils se sont jetés sur toi. Tu as appelé à l'aide et des blancs sont venus. Un des nègres a tiré son rasoir et un blanc l'a abattu d'un coup de revolver. L'autre nègre s'est sauvé!

LIZZIE

C'est ce que t'a raconté Webster?

FRED

Oui.

LIZZIE

D'où le savait-il?

FRED

Toute la ville en parle.

LIZZIE

Toute la ville? C'est bien ma veine. Vous n'avez donc rien d'autre à faire?

FRED

Est-ce que les choses se sont passées comme je l'ai dit?

LIZZIE

Pas du tout. Les deux nègres se tenaient tranquilles et parlaient entre eux; ils ne m'ont même pas regardée. Après, quatre blancs sont montés et il y en a deux qui m'ont serrée de près. Ils venaient de gagner un match de rugby, ils étaient soûls. Ils ont dit que ça sentait le nègre et ils ont voulu jeter les noirs par la portière. Les autres se sont défendus comme ils ont pu; à la fin, un blanc a reçu un coup de poing sur l'œil; c'est là qu'il a sorti son revolver et qu'il a tiré. C'est tout. L'autre nègre a sauté du train comme on arrivait en gare.

FRED

On le connaît. Il ne perdra rien pour attendre. *(Un temps.)* Quand on t'appellera chez le juge, c'est cette histoire-là que tu vas raconter?

LIZZIE

Mais qu'est-ce que ça peut te faire?

FRED

Réponds.

LIZZIE

Je n'irai pas chez le juge. Je te dis que j'ai horreur des complications.

FRED

Il faudra bien que tu y ailles.

LIZZIE

Je n'irai pas. Je ne veux plus avoir affaire à la police.

FRED

Ils viendront te chercher.

LIZZIE

Alors je dirai ce que j'ai vu. *(Un temps.)*

FRED

Est-ce que tu te rends bien compte de ce que tu vas faire?

LIZZIE

Qu'est-ce que je vais faire?

FRED

Tu vas témoigner contre un blanc pour un noir.

LIZZIE

Si c'est le blanc qui est coupable.

FRED

Il n'est pas coupable.

LIZZIE

Puisqu'il a tué, il est coupable.

FRED

Coupable de quoi?

LIZZIE

D'avoir tué!

FRED

Mais c'est un nègre qu'il a tué.

LIZZIE

Eh bien?

FRED

Si on était coupable chaque fois qu'on tue un nègre...

LIZZIE

Il n'avait pas le droit.

FRED

Quel droit?

LIZZIE

Il n'avait pas le droit.

FRED

Il vient du Nord, ton droit. *(Un temps.)* Coupable ou non, tu ne peux pas faire punir un type de ta race.

LIZZIE

Je ne veux faire punir personne. On me demandera ce que j'ai vu et je le dirai.

Un temps. Fred marche sur elle.

FRED

Qu'est-ce qu'il y a entre toi et ce nègre? Pourquoi le protèges-tu?

LIZZIE

Je ne le connais même pas.

FRED

Alors?

LIZZIE

Je veux dire la vérité.

FRED

La vérité! Une putain à dix dollars qui veut dire

la vérité! Il n'y a pas de vérité : il y a des blancs et des noirs, c'est tout. Dix-sept mille blancs, vingt mille noirs. Nous ne sommes pas à New York, ici : nous n'avons pas le droit de rigoler. *(Un temps.)* Thomas est mon cousin.

LIZZIE

Quoi?

FRED

Thomas, le type qui a tué : c'est mon cousin.

LIZZIE

Ah!

FRED

C'est un homme de bien. Ça ne te dit pas grand-chose; mais c'est un homme de bien.

LIZZIE

Un homme de bien qui se poussait tout le temps contre moi et qui essayait de relever mes jupes. Passe-moi l'homme de bien! Ça ne m'étonne pas que vous soyez de la même famille.

FRED, levant la main.

Saloperie. *(Il se contient.)* Tu es le Diable : avec le Diable, on ne peut faire que le mal. Il a relevé tes jupes, il a tiré sur un sale nègre, la belle affaire; ce sont des gestes qu'on a sans y penser, ça ne compte pas. Thomas est un chef, voilà ce qui compte.

LIZZIE

Ça se peut. Mais le nègre n'a rien fait.

FRED

Un nègre a toujours fait quelque chose.

LIZZIE

Jamais je ne donnerai un homme aux poulets.

FRED

Si ce n'est pas lui, ce sera Thomas. De toute façon, tu en donneras un. A toi de choisir.

LIZZIE

Et voilà. Je suis dans la crotte jusqu'au cou, pour changer. *(A son bracelet.)* Saleté, pourriture, tu n'en fais jamais d'autre. *(Elle le jette par terre.)*

FRED

Combien veux-tu?

LIZZIE

Je ne veux pas un sou.

FRED

Cinq cents dollars.

LIZZIE

Pas un sou.

FRED

Il te faudrait beaucoup plus d'une nuit pour gagner cinq cents dollars.

LIZZIE

Surtout si j'ai affaire à des pingres comme toi

(Un temps.) C'est donc pour ça que tu m'as fait signe hier soir?

FRED

Dame.

LIZZIE

C'est donc pour ça. Tu t'es dit : voilà la môme, je vais la raccompagner chez elle et je lui mettrai le marché en main. C'est donc pour ça! Tu me tripotais les mains mais tu étais froid comme la glace, tu pensais : comment que je vais lui amener ça? *(Un temps.)* Mais dis donc! Mais dis donc, mon petit gars... Si tu es monté pour me proposer ta combine, tu n'avais pas besoin de coucher avec moi. Hein? Pourquoi as-tu couché avec moi, salaud? Pourquoi as-tu couché avec moi?

FRED

Du diable si je le sais.

LIZZIE, *s'effondre en pleurant sur une chaise.*

Salaud! Salaud! Salaud!

FRED

Cinq cents dollars! Ne chiale pas, bon Dieu! Cinq cents dollars! Ne chiale pas! Ne chiale pas. Allons, Lizzie, Lizzie! Sois raisonnable! Cinq cents dollars!

LIZZIE, *sanglotant.*

Je ne suis pas raisonnable. Je ne veux pas de tes cinq cents dollars, je ne veux pas faire de faux témoignage! Je veux retourner à New York, je veux m'en aller! Je veux m'en aller! *(On sonne. Elle s'arrête net. On sonne encore une fois. A voix basse.)* Qu'est-ce que c'est? Tais-toi. *(Longue sonnerie.)* Je n'ouvrirai pas. Tiens-toi tranquille. *(Coups dans la porte.)*

UNE VOIX

Ouvrez. Police.

LIZZIE, *à voix basse.*

Les flics. Ça devait arriver. *(Elle montre le bracelet.)* C'est à cause de lui. *(Elle se baisse et le remet à son bras.)* Il vaut encore mieux que je le garde. Cache-toi.

Coups dans la porte.

LA VOIX

Police!

LIZZIE

Mais cache-toi donc. Va dans le cabinet de toilette. *(Il ne bouge pas. Elle le pousse de toutes ses forces.)* Mais va! Va donc!

LA VOIX

Tu es là, Fred? Fred? Tu es là?

FRED

Je suis là!

Il la repousse, elle le regarde avec stupeur.

LIZZIE

C'était donc pour ça!

Fred va ouvrir, John et James entrent.

SCÈNE III

LES MÊMES, JOHN et JAMES.

La porte d'entrée reste ouverte.

JOHN

Police. Lizzie Mac Kay, c'est toi?

LIZZIE, *sans l'entendre, continue à regarder Fred.*

C'était pour ça!

JOHN, *la secouant par l'épaule.*

Réponds quand on te parle.

LIZZIE

Hein? Oui, c'est moi.

JOHN

Tes papiers.

LIZZIE, *elle s'est maîtrisée, durement.*

De quel droit m'interrogez-vous? Qu'est-ce que vous venez faire chez moi? *(John montre son étoile.)* N'importe qui peut mettre une étoile. Vous êtes des

copains à Monsieur et vous vous êtes entendus pour
me faire chanter.

> *John lui met une carte sous le nez.*

JOHN

Tu connais ça?

LIZZIE, *montrant James.*

Et lui?

JOHN, *à James.*

Montre ta carte. *(James la montre. Lizzie la regarde,
va à la table sans rien dire, en tire des papiers et les
leur donne. Désignant Fred.)* Tu l'as ramené chez
toi, hier soir? Tu sais que la prostitution est un délit?

LIZZIE

Vous êtes tout à fait sûrs que vous avez le droit
d'entrer chez les gens sans mandat? Vous ne craignez
pas que je vous cause des ennuis?

JOHN

T'en fais pas pour nous. *(Un temps.)* On te demande
si tu l'as ramené chez toi.

LIZZIE. Elle a changé,
depuis que les policiers sont entrés.
Elle est devenue plus dure et plus vulgaire.

Vous cassez pas la tête. Bien sûr, que je l'ai ramené
chez moi. Seulement, j'ai fait l'amour gratis. Ça vous
la coupe?

FRED

Vous trouverez deux billets de dix dollars sur la table. Ils sont à moi.

LIZZIE

Prouve-le.

FRED, *sans la regarder, aux deux autres.*

Je les ai pris à la banque hier matin, avec vingt-huit autres de la même série. Vous n'aurez qu'à vérifier les numéros.

LIZZIE, *violemment.*

Je les ai refusés. Je les ai refusés ses sales fafiots. Je les lui ai jetés à la figure.

JOHN

Si tu les as refusés, comment se trouvent-ils sur la table?

LIZZIE, *après un silence.*

Je suis faite. *(Elle regarde Fred avec une sorte de stupeur et, d'une voix presque douce.)* C'était donc pour ça? *(Aux autres.)* Alors? Qu'est-ce que vous voulez de moi?

JOHN

Assieds-toi. *(A Fred.)* Tu l'as mise au courant? *(Fred fait un signe de tête.)* Je te dis de t'asseoir. *(Il la jette dans un fauteuil.)* Le juge est d'accord pour relâcher Thomas, s'il a ton témoignage écrit. On l'a rédigé pour toi, tu n'as qu'à signer. Demain, on t'interrogera régulièrement. Tu sais lire? *(Lizzie hausse les épaules, il lui tend un papier.)* Lis et signe.

LIZZIE

C'est faux d'un bout à l'autre.

FRED

Ça se peut. Après?

LIZZIE

Je ne signerai pas.

FRED

Embarquez-la. *(A Lizzie.)* C'est dix-huit mois.

LIZZIE

Dix-huit mois, oui. Et quand je sortirai, je te ferai la peau.

FRED

Pas si je peux l'empêcher. *(Ils se regardent.)* Vous devriez télégraphier à New York; je crois qu'elle a eu des ennuis là-bas.

LIZZIE, *avec admiration.*

Tu es salaud comme une femme. J'aurais jamais cru qu'un type puisse être aussi salaud.

JOHN

Décide-toi. Tu signes ou je t'emmène en taule.

LIZZIE

J'aime mieux la taule. Je ne veux pas mentir.

FRED

Pas mentir, roulure! Et qu'est-ce que tu as fait toute la nuit? Quand tu m'appelais mon chéri, mon amour, mon petit homme, tu ne mentais pas? Quand tu soupirais, pour me faire croire que je te donnais du plaisir, tu ne mentais pas?

LIZZIE, *avec défi.*

Ça t'arrangerait, hein? Non, je ne mentais pas. *(Ils se regardent. Fred détourne les yeux.)*

FRED

Finissons-en. Voilà mon stylo. Signe.

LIZZIE

Tu peux te l'accrocher.

Un silence. Les trois hommes sont embarrassés.

FRED

Et voilà! Voilà où nous en sommes! C'est le meilleur de la ville et son sort dépend des caprices d'une môme. *(Il marche de long en large, puis revient brusquement sur Lizzie.)* Regarde-le. *(Il lui montre une photo.)* Tu en as vu des hommes, dans ta chienne de vie. Y en a-t-il beaucoup qui lui ressemblent? Regarde ce front, regarde ce menton, regarde ses médailles sur son uniforme. Non, non : ne détourne pas les yeux. Va jusqu'au bout : c'est ta victime. Il faut que tu le regardes en face. Tu vois comme il a l'air jeune, comme il a l'air fier, comme il est beau! Sois tranquille, quand il sortira de prison, après dix ans, il sera plus cassé qu'un vieillard, il aura perdu ses cheveux et ses dents. Tu peux être contente, c'est du beau travail. Jusqu'ici, tu chipais l'argent dans les poches; cette fois, tu as choisi le meilleur et tu lui prends la vie. Tu ne dis rien? Tu es donc pourrie jusqu'aux os? *(Il la jette à genoux.)* A genoux, putain! A genoux devant le portrait de l'homme que tu veux déshonorer!

> *Clarke entre par la porte qu'ils ont laissée ouverte.*

SCÈNE IV

LES MÊMES, *plus* LE SÉNATEUR.

LE SÉNATEUR

Lâche-la. *(A Lizzie.)* Relevez-vous.

FRED

Hello!

JOHN

Hello!

LE SÉNATEUR

Hello! Hello!

JOHN, *à Lizzie.*

C'est le sénateur Clarke.

LE SÉNATEUR, *à Lizzie.*

Hello!

LIZZIE

Hello!

LE SÉNATEUR

Bon. Les présentations sont faites. *(Il regarde Lizzie.)* Voilà donc cette jeune fille. Elle a l'air tout à fait sympathique.

FRED

Elle ne veut pas signer.

LE SÉNATEUR

Elle a parfaitement raison. Vous entrez chez elle sans en avoir le droit. *(Sur un geste de John, avec force.)* Sans en avoir le moindre droit; vous la brutalisez et vous voulez la faire parler contre sa conscience. Ce ne sont pas des procédés américains. Est-ce que le nègre vous a violentée, mon enfant?

LIZZIE

Non.

LE SÉNATEUR

Parfait. Voilà qui est clair. Regardez-moi dans les yeux. *(Il la regarde.)* Je suis sûr qu'elle ne ment pas. *(Un temps.)* Pauvre Mary! *(Aux autres.)* Eh bien, garçons, venez. Nous n'avons plus rien à faire ici. Il ne nous reste qu'à nous excuser auprès de Mademoiselle.

LIZZIE

Qui est Mary?

LE SÉNATEUR

Mary? C'est ma sœur, la mère de cet infortuné

Thomas. Une pauvre chère vieille qui va en mourir. Au revoir, mon enfant.

LIZZIE, *d'une voix étranglée.*

Sénateur!

LE SÉNATEUR

Mon enfant?

LIZZIE

Je regrette.

LE SÉNATEUR

Qu'y a-t-il à regretter, puisque vous avez dit la vérité?

LIZZIE

Je regrette que ce soit... cette vérité-là.

LE SÉNATEUR

Nous n'y pouvons rien ni l'un ni l'autre et personne n'a le droit de vous demander un faux témoignage. *(Un temps.)* Non. Ne pensez plus à elle.

LIZZIE

A qui?

LE SÉNATEUR

A ma sœur. Vous ne pensiez pas à ma sœur?

LIZZIE

Si.

LE SÉNATEUR

Je vois clair en vous, mon enfant. Voulez-vous
que je vous dise ce qu'il y a dans votre tête? *(Imitant
Lizzie.)* « Si je signais, le sénateur irait la trouver
chez elle, il lui dirait : Lizzie Mac Kay est une bonne
fille; c'est elle qui te rend ton fils. » Et elle sourirait
à travers ses larmes, elle dirait : « Lizzie Mac Kay?
Je n'oublierai pas ce nom-là. » Et moi qui suis sans
famille, que le destin a reléguée au ban de la Société,
il y aurait une petite vieille toute simple qui pen-
serait à moi dans sa grande maison, il y aurait une
mère américaine qui m'adopterait dans son cœur. »
Pauvre Lizzie, n'y pensez plus.

LIZZIE

Elle a les cheveux blancs?

LE SÉNATEUR

Tout blancs. Mais le visage est resté jeune. Et si
vous connaissiez son sourire... Elle ne sourira plus
jamais. Adieu. Demain vous direz la vérité au juge.

LIZZIE

Vous partez?

LE SÉNATEUR

Eh bien, oui : je vais chez elle. Il faut que je lui
rapporte notre conversation.

LIZZIE

Elle sait que vous êtes ici?

LE SÉNATEUR

C'est à sa prière que je suis venu.

LIZZIE

Mon Dieu! Et elle attend? Et vous allez lui dire que j'ai refusé de signer. Comme elle va me détester!

LE SÉNATEUR, *lui mettant les mains sur les épaules.*

Ma pauvre enfant, je ne voudrais pas être à votre place.

LIZZIE

Quelle histoire! *(A son bracelet.)* C'est toi, saleté, qui es cause de tout.

LE SÉNATEUR

Comment?

LIZZIE

Rien. *(Un temps.)* Au point où en sont les choses, c'est malheureux que le nègre ne m'ait pas violée pour de bon.

LE SÉNATEUR, *ému.*

Mon enfant.

LIZZIE, *tristement.*

Ça vous aurait fait tant plaisir et à moi ça m'aurait coûté si peu de peine.

LE SÉNATEUR

Merci! *(Un temps.)* Comme je voudrais vous aider. *(Un temps.)* Hélas! la vérité est la vérité.

LIZZIE, *tristement.*

Ben oui.

LE SÉNATEUR

Et la vérité, c'est que le nègre ne vous a pas violée.

LIZZIE, *même jeu.*

Ben oui.

LE SÉNATEUR

Oui. *(Un temps.)* Bien entendu, il s'agit là d'une vérité du premier degré.

LIZZIE, *sans comprendre.*

Du premier degré...

LE SÉNATEUR

Oui : je veux dire une vérité... populaire.

LIZZIE

Populaire? C'est pas la vérité?

LE SÉNATEUR

Si, si, c'est la vérité. Seulement... il y a plusieurs espèces de vérités.

LIZZIE

Vous pensez que le nègre m'a violée?

LE SÉNATEUR

Non, non, il ne vous a pas violée. D'un certain point de vue, il ne vous a pas violée du tout. Mais voyez-vous, je suis un vieil homme qui a beaucoup

vécu, qui s'est souvent trompé et qui, depuis quelques
années, se trompe un petit peu moins souvent. Et
j'ai sur tout ceci une opinion différente de la vôtre.

LIZZIE

Mais quelle opinion?

LE SÉNATEUR

Comment vous expliquer? Tenez : imaginons que
la Nation américaine vous apparaisse tout à coup.
Qu'est-ce qu'elle vous dirait?

LIZZIE, *effrayée.*

Je suppose qu'elle n'aurait pas grand-chose à me
dire.

LE SÉNATEUR

Vous êtes communiste?

LIZZIE

Quelle horreur : non!

LE SÉNATEUR

Alors, elle a beaucoup à vous dire. Elle vous dirait :
« Lizzie, tu en es arrivée à ceci qu'il te faut choisir
entre deux de mes fils. Il faut que l'un ou l'autre
disparaisse. Que fait-on dans des cas pareils? On
garde le meilleur. Eh bien, cherchons quel est le
meilleur. Veux-tu? »

LIZZIE

Je veux bien. Oh! pardon. Je croyais que c'était
vous qui parliez.

LE SÉNATEUR

Je parle en son nom. *(Il reprend.)* « Lizzie, ce nègre que tu protèges, à quoi sert-il? Il est né au hasard, Dieu sait où. Je l'ai nourri et lui, que fait-il pour moi en retour? Rien du tout, il traîne, il chaparde, il chante, il s'achète des complets rose et vert. C'est mon fils et je l'aime à l'égal de mes autres fils. Mais je te le demande : est-ce qu'il mène une vie d'homme? Je ne m'apercevrai même pas de sa mort. »

LIZZIE

Ce que vous parlez bien.

LE SÉNATEUR, *enchaînant.*

« L'autre, au contraire, ce Thomas, il a tué un noir, c'est très mal. Mais j'ai besoin de lui. C'est un Américain cent pour cent, le descendant d'une de nos plus vieilles familles, il a fait ses études à Harvard, il est officier — il me faut des officiers — il emploie deux mille ouvriers dans son usine — deux mille chômeurs s'il venait à mourir — c'est un chef, un solide rempart contre le communisme, le syndicalisme et les Juifs. Il a le devoir de vivre et toi tu as le devoir de lui conserver la vie. C'est tout. A présent, choisis. »

LIZZIE

Ce que vous parlez bien.

LE SÉNATEUR

Choisis!

LIZZIE, *sursautant.*

Hein? Ah oui... *(Un temps.)* Vous m'avez embrouillée, je ne sais plus où j'en suis.

LE SÉNATEUR

Regardez-moi, Lizzie. Avez-vous confiance en moi?

LIZZIE

Oui, Sénateur.

LE SÉNATEUR

Croyez-vous que je peux vous conseiller une mauvaise action?

LIZZIE

Non, Sénateur.

LE SÉNATEUR

Alors il faut signer. Voilà ma plume.

LIZZIE

Vous croyez qu'elle sera contente de moi?

LE SÉNATEUR

Qui?

LIZZIE

Votre sœur?

LE SÉNATEUR

Elle vous aimera de loin comme sa fille.

LIZZIE

Peut-être qu'elle m'enverra des fleurs?

LE SÉNATEUR

Peut-être bien.

LIZZIE

Ou sa photo avec un autographe.

LE SÉNATEUR

C'est bien possible.

LIZZIE

Je la mettrai au mur. *(Un temps. Elle marche avec agitation.)* Quelle histoire! *(Revenant sur le sénateur.)* Qu'est-ce que vous lui ferez au nègre, si je signe?

LE SÉNATEUR

Au nègre? Bah! *(Il la prend par les épaules.)* Si tu signes, toute la ville t'adopte. Toute la ville. Toutes les mères de la ville.

LIZZIE

Mais...

LE SÉNATEUR

Est-ce que tu crois qu'une ville entière peut se tromper? Une ville tout entière, avec ses pasteurs et ses curés, avec ses médecins, ses avocats et ses artistes, avec son maire et ses adjoints et ses associations de bienfaisance. Est-ce que tu le crois?

LIZZIE

Non. Non. Non.

LE SÉNATEUR

Donne-moi ta main. *(Il la force à signer.)* Voilà.
Je te remercie au nom de ma sœur et de mon neveu,
au nom des dix-sept mille blancs de notre ville, au
nom de la nation américaine que je représente en
ces lieux. Ton front. *(Il la baise au front.)* Venez,
vous autres. *(A Lizzie.)* Je te reverrai dans la soi-
rée : nous avons encore à parler.

Il sort.

FRED, *sortant.*

Adieu, Lizzie.

LIZZIE

Adieu. *(Ils sortent. Elle reste écrasée, puis se pré-
cipite vers la porte.)* Sénateur! Je ne veux pas!
Déchirez le papier! Sénateur! Je ne veux pas! Déchirez le papier! Sénateur! *(Elle revient sur la scène,
prend l'aspirateur machinalement.)* La nation américaine! *(Elle met le contact.)* J'ai comme une idée
qu'ils m'ont roulée!

Elle manœuvre l'aspirateur avec rage.

RIDEAU

DEUXIÈME TABLEAU

Même décor, douze heures plus tard. Les lampes sont allumées, les fenêtres sont ouvertes sur la nuit. Rumeurs qui vont en croissant. Le nègre paraît à la fenêtre, enjambe l'entablement et saute dans la pièce déserte. Il va jusqu'au milieu de la scène. On sonne. Il se cache derrière un rideau. Lizzie sort de la salle de bains, va jusqu'à la porte d'entrée, ouvre.

SCÈNE I

LIZZIE, LE SÉNATEUR, LE NÈGRE *caché.*

LIZZIE

Entrez! *(Le sénateur entre.)* Alors?

LE SÉNATEUR

Thomas est dans les bras de sa mère. Je viens vous porter leurs remerciements.

LIZZIE

Elie est heureuse?

LE SÉNATEUR

Tout à fait heureuse.

LIZZIE

Elle a pleuré?

LE SÉNATEUR

Pleuré? Pourquoi? C'est une femme forte.

LIZZIE

Vous m'aviez dit qu'elle pleurerait.

LE SÉNATEUR

C'est une façon de parler.

LIZZIE

Elle ne s'y attendait pas, hein? Elle croyait que j'étais une mauvaise femme et que je témoignerais pour le nègre.

LE SÉNATEUR

Elle s'était remise entre les mains de Dieu.

LIZZIE

Qu'est-ce qu'elle pense de moi?

LE SÉNATEUR

Elle vous remercie.

LIZZIE

Elle n'a pas demandé comment j'étais faite?

LE SÉNATEUR

Non.

LIZZIE

Elle trouve que je suis une bonne fille?

LE SÉNATEUR

Elle pense que vous avez fait votre devoir.

LIZZIE

Ah oui...

LE SÉNATEUR

Elle espère que vous continuerez à le faire.

LIZZIE

Oui, oui...

LE SÉNATEUR

Regardez-moi, Lizzie. *(Il la prend par les épaules.)* Vous continuerez à le faire? Vous ne voudriez pas la décevoir?

LIZZIE

Ne vous frappez pas. Je ne peux plus revenir sur ce que j'ai dit, ils me colleraient en taule. *(Un temps.)* Qu'est-ce que c'est que ces cris?

LE SÉNATEUR

Ce n'est rien.

LIZZIE

Je ne peux plus les supporter. *(Elle va fermer la fenêtre.)* Sénateur?

LE SÉNATEUR

Mon enfant?

LIZZIE

Vous êtes sûr que nous ne nous sommes pas trompés, que j'ai fait ce que je devais?

LE SÉNATEUR

Absolument sûr.

LIZZIE

Je ne m'y reconnais plus; vous m'avez embrouillée; vous pensez trop vite pour moi. Quelle heure est-il?

LE SÉNATEUR

Onze heures.

LIZZIE

Encore huit heures avant le jour. Je sens que je ne pourrai pas fermer l'œil. *(Un temps.)* Les nuits sont aussi chaudes que les journées. *(Un temps.)* Et le nègre?

LE SÉNATEUR

Quel nègre? Ah! eh bien, on le cherche.

LIZZIE

Qu'est-ce qu'on lui fera? *(Le sénateur hausse les épaules, les cris augmentent. Lizzie va à la fenêtre.)* Mais qu'est-ce que ces cris? Il y a des hommes qui passent avec des torches électriques et des chiens. C'est une retraite aux flambeaux? Ou bien... Dites-moi ce que c'est, sénateur? Dites-moi ce que c'est!

LE SÉNATEUR, *tirant une lettre de sa poche.*
Ma sœur m'a chargé de vous remettre ceci.

LIZZIE, *vivement.*

Elle m'a écrit? *(Elle déchire l'enveloppe, en tire un billet de cent dollars, fouille pour trouver une lettre, n'en trouve pas, froisse l'enveloppe et la jette à terre. Sa voix change.)* Cent dollars. Vous devez être content : votre fils m'en avait promis cinq cents, vous faites une belle économie.

LE SÉNATEUR

Mon enfant.

LIZZIE

Vous remercierez Madame votre sœur. Vous lui direz que j'aurais préféré une potiche ou des bas Nylon, quelque chose qu'elle se serait donné la peine de choisir. Mais c'est l'intention qui compte, n'est-ce pas? *(Un temps.)* Vous m'avez bien eue.

Ils se regardent. Le sénateur se rapproche.

LE SÉNATEUR

Je vous remercie, mon enfant; nous causions un

peu seul à seule. Vous traversez une crise morale et vous avez besoin de mon appui.

LIZZIE

J'ai surtout besoin de fric mais je pense qu'on s'arrangera, vous et moi. *(Un temps.)* Jusqu'ici, je préférais les vieux parce qu'ils ont l'air respectable mais je commence à me demander s'ils ne sont pas encore plus chinois que les autres.

LE SÉNATEUR, *égayé.*

Chinois! Je voudrais que mes collègues vous entendent. Quel naturel délicieux! Il y a quelque chose en vous que vos désordres n'ont pas entamé! *(Il la caresse.)* Oui. Oui. Quelque chose. *(Elle se laisse faire, passive et méprisante.)* Je reviendrai, ne m'accompagnez pas.

> *Il sort. Lizzie reste figée sur place. Mais elle prend le billet, le froisse, le jette par terre, se laisse tomber sur une chaise et éclate en sanglots. Dehors, les hurlements se rapprochent. Coups de feu dans le lointain. Le nègre sort de sa cachette. Il se plante devant elle. Elle lève la tête et pousse un cri.*

SCÈNE II

LIZZIE

Ha! *(Un temps. Elle se lève.)* J'étais sûre que tu viendrais. J'en étais sûre. Par où es-tu entré?

LE NÈGRE

Par la fenêtre.

LIZZIE

Qu'est-ce que tu veux?

LE NÈGRE

Cachez-moi.

LIZZIE

Je t'ai dit que non.

LE NÈGRE

Vous les entendez, madame?

LIZZIE

Oui.

LE NÈGRE

C'est la chasse qui a commencé.

LIZZIE

Quelle chasse?

LE NÈGRE

La chasse au nègre.

LIZZIE

Ha! *(Un long temps.)* Tu es sûr qu'ils ne t'ont pas vu entrer?

LE NÈGRE

Sûr.

LIZZIE

Qu'est-ce qu'ils te feront, s'ils te prennent?

LE NÈGRE

L'essence.

LIZZIE

Quoi?

LE NÈGRE

L'essence. *(Il fait un geste explicatif.)* Ils y mettront le feu.

LIZZIE

Je vois. *(Elle va à la fenêtre et tire les rideaux.)* Assieds-toi. *(Le nègre se laisse tomber sur une chaise.)*

Il a fallu que tu viennes chez moi. Je n'en aurai donc jamais fini? *(Elle vient sur lui presque menaçante.)* J'ai horreur des histoires, comprends-tu? *(Tapant du pied.)* Horreur! Horreur! Horreur!

LE NÈGRE

Ils croient que je vous ai porté tort, madame.

LIZZIE

Après?

LE NÈGRE

Ils ne viendront pas me chercher ici.

LIZZIE

Sais-tu pourquoi ils te font la chasse?

LE NÈGRE

Parce qu'ils croient que je vous ai porté tort.

LIZZIE

Sais-tu qui le leur a dit?

LE NÈGRE

Non.

LIZZIE

C'est moi. *(Un long silence. Le nègre la regarde.)* Qu'est-ce que tu en penses?

LE NÈGRE

Pourquoi avez-vous fait ça, madame? Oh! pourquoi avez-vous fait ça?

LIZZIE

Je me le demande.

LE NÈGRE

Ils n'auront pas de pitié; ils me fouetteront sur les yeux, ils verseront sur moi leurs bidons d'essence. Oh! pourquoi avez-vous fait ça? Je ne vous ai pas porté tort.

LIZZIE

Oh! si, tu m'as porté tort. Tu ne peux pas savoir à quel point tu m'as porté tort! *(Un temps.)* Tu n'as pas envie de m'étrangler?

LE NÈGRE

Ils forcent souvent les gens à dire le contraire de ce qu'ils pensent.

LIZZIE

Oui. Souvent. Et quand ils ne peuvent pas les y forcer, ils les embrouillent avec leurs boniments. *(Un temps.)* Alors? Non? Tu ne m'étrangles pas? Tu as bon caractère. *(Un temps.)* Je te cacherai jusqu'à demain soir. *(Il fait un mouvement.)* Ne me touche pas : je n'aime pas les nègres. *(Cris et coups de feu au-dehors.)* Ils se rapprochent. *(Elle va à la fenêtre, écarte les rideaux et regarde dans la rue.)* Nous sommes propres.

LE NÈGRE

Qu'est-ce qu'ils font?

LIZZIE

Ils ont mis des sentinelles aux deux bouts de la rue et ils fouillent toutes les maisons. Tu avais bien besoin de venir ici. Il y a sûrement quelqu'un qui t'a vu entrer dans la rue. *(Elle regarde de nouveau.)* Voilà. C'est à nous. Ils montent.

LE NÈGRE

Combien sont-ils?

LIZZIE

Cinq ou six. Les autres attendent en bas. *(Elle revient vers lui.)* Ne tremble pas. Ne tremble pas, bon Dieu! *(Un temps, à son bracelet.)* Cochon de serpent! *(Elle le jette par terre et le piétine.)* Saloperie! *(Au nègre.)* Tu avais bien besoin de venir ici. *(Il se lève et fait un mouvement pour partir.)* Reste. Si tu sors, tu es fait.

LE NÈGRE

Les toits.

LIZZIE

Avec cette lune? Tu peux y aller, si tu t'en ressens pour servir de carton. *(Un temps.)* Attendons. Ils ont deux étages à fouiller avant le nôtre. Je te dis de ne pas trembler. *(Long silence. Elle marche de long en large. Le nègre reste écrasé sur sa chaise.)* Tu n'as pas d'armes?

LE NÈGRE

Oh! Non.

LIZZIE

Bon.

Elle fouille dans un tiroir et sort un revolver.

LE NÈGRE

Qu'est-ce que vous voulez faire, madame?

LIZZIE

Je vais leur ouvrir la porte et les prier d'entrer. Voilà vingt-cinq ans qu'ils me roulent avec leurs vieilles mères aux cheveux blancs et les héros de la guerre et la nation américaine. Mais j'ai compris. Ils ne m'auront pas jusqu'au bout. J'ouvrirai la porte et je leur dirai : « Il est là. Il est là mais il n'a rien fait; on m'a soutiré un faux témoignage. Je jure sur le bon Dieu qu'il n'a rien fait. »

LE NÈGRE

Ils ne vous croiront pas.

LIZZIE

Peut se faire. Peut se faire qu'ils ne me croient pas : alors, tu les viseras avec le revolver et, s'ils ne s'en vont pas, tu tireras dedans.

LE NÈGRE

Il en viendra d'autres.

LIZZIE

Tu tireras aussi sur les autres. Et si tu vois le fils du sénateur, tâche de ne pas le rater, parce que c'est lui qui a tout manigancé. Nous sommes coincés,

non? Et de toute façon, c'est notre dernière histoire,
parce que, je te le dis, s'ils te trouvent chez moi, je
ne donne pas un sou de ma peau. Alors, autant crever en nombreuse compagnie. *(Elle lui tend le revolver.)* Prends ça! Je te dis de le prendre.

LE NÈGRE

Je ne peux pas, madame.

LIZZIE

Quoi?

LE NÈGRE

Je ne peux pas tirer sur des blancs.

LIZZIE

Vraiment! Ils vont se gêner, eux.

LE NÈGRE

Ce sont des blancs, madame.

LIZZIE

Et alors? Parce qu'ils sont blancs, ils ont le droit
de te saigner comme un cochon?

LE NÈGRE

Ce sont des blancs.

LIZZIE

Pochetée! Tiens, tu me ressembles, tu es aussi
poire que moi. Enfin, si tout le monde est d'accord...

LE NÈGRE

Pourquoi vous ne tirez pas, vous, madame?

LIZZIE

Je te dis que je suis une poire. *(On entend des pas
dans l'escalier.)* Les voilà. *(Rire bref.)* On a bonne
mine. *(Un temps.)* File dans le cabinet de toilette.
Et ne bouge pas. Retiens ton souffle. *(Le nègre obéit,
Lizzie attend. Coup de sonnette. Elle se signe, ramasse
le bracelet et va ouvrir. Des hommes avec des fusils.)*

SCÈNE III

LIZZIE, TROIS HOMMES.

1er HOMME

Nous cherchons le nègre.

LIZZIE

Quel nègre?

1er HOMME

Celui qui a violé une femme dans le train et qui a blessé le neveu du sénateur à coups de rasoir.

LIZZIE

Nom de Dieu, c'est pas chez moi qu'il faut le chercher. *(Un temps.)* Vous ne me reconnaissez pas?

2e HOMME

Si, si, si. Je vous ai vue descendre du train avant-hier.

LIZZIE

Parfait. Parce que c'est moi qu'il a violée, compre-nez-vous. *(Brouhaha. Ils la regardent avec des yeux pleins de stupeur, de convoitise et d'une sorte d'hor-*

reur. *Ils reculent légèrement.)* S'il s'amène, il tâtera
de ça. *(Ils rient.)*

UN HOMME

Vous n'avez pas envie de le voir pendre?

LIZZIE

Venez me chercher quand vous l'aurez trouvé.

UN HOMME

Ça ne traînera pas, mon petit sucre : on sait qu'il
se cache dans cette rue.

LIZZIE

Bonne chance.

> *Ils sortent. Elle ferme la porte. Elle va déposer
> le revolver sur la table.*

SCÈNE IV

LIZZIE

Tu peux sortir. *(Le nègre sort, s'agenouille et baise le bas de sa robe.)* Je t'ai dit de ne pas me toucher. *(Elle le regarde.)* Il faut tout de même que tu sois un drôle de paroissien pour avoir toute une ville après toi.

LE NÈGRE

Je n'ai rien fait, madame, vous le savez bien.

LIZZIE

Ils disent qu'un nègre a toujours fait quelque chose.

LE NÈGRE

Jamais rien fait. Jamais. Jamais.

LIZZIE, *elle se passe la main sur le front.*

Je ne sais plus où j'en suis. *(Un temps.)* Tout de même, une ville entière, ça ne peut pas avoir complètement tort. *(Un temps.)* Merde! Je n'y comprends plus rien.

LE NÈGRE

C'est comme ça, madame. C'est toujours comme ça avec les blancs.

LIZZIE

Toi aussi, tu te sens coupable?

LE NÈGRE

Oui, madame.

LIZZIE

Et pourtant tu n'as rien fait.

LE NÈGRE

Non, madame.

LIZZIE

Mais qu'est-ce qu'ils ont donc, pour qu'on soit toujours de leur côté?

LE NÈGRE

Ce sont des blancs.

LIZZIE

Je suis une blanche moi aussi. *(Un temps. Bruit de pas dehors.)* Ils redescendent. *(Elle se rapproche de lui instinctivement. Il tremble, mais il lui met la main autour des épaules. Les pas décroissent. Silence.) (Elle se dégage brusquement.)* Ah dis donc? Ce qu'on est seuls? Nous avons l'air de deux orphelins. *(On sonne. Ils écoutent en silence. On sonne encore.)* File dans le cabinet de toilette. *(Coups dans la porte d'entrée. Le nègre se cache. Lizzie va ouvrir.)*

SCÈNE V

FRED, LIZZIE.

LIZZIE

Tu es fou? Pourquoi tapes-tu dans ma porte? Non, tu n'entreras pas, tu m'en as assez fait voir. Va-t'en, va-t'en, salaud, va-t'en! va-t'en! *(Il la repousse, ferme la porte et la prend par les épaules. Long silence.)* Alors?

FRED

Tu es le Diable!

LIZZIE

C'est pour me dire ça que tu voulais enfoncer ma porte? Quelle tête! D'où sors-tu? *(Un temps.)* Réponds.

FRED

Ils ont attrapé un nègre. Ce n'était pas le bon. Ils l'ont lynché tout de même.

LIZZIE

Après?

FRED

J'étais avec eux.

Lizzie siffle.

LIZZIE

Je vois. *(Un temps.)* On dirait que ça te fait de l'effet de voir lyncher un nègre.

FRED

J'ai envie de toi.

LIZZIE

Quoi?

FRED

Tu es le Diable! Tu m'as jeté un sort. J'étais au milieu d'eux, mon revolver à la main et le nègre se balançait à une branche. Je l'ai regardé et j'ai pensé : j'ai envie d'elle. Ce n'est pas naturel.

LIZZIE

Lâche-moi. Je te dis de me lâcher.

FRED

Qu'est-ce qu'il y a là-dessous? Qu'est-ce que tu m'as fait, sorcière? Je regardais le nègre et je t'ai vue te balancer au-dessus des flammes. J'ai tiré.

LIZZIE

Ordure! Lâche-moi. Lâche-moi. Tu es un assassin.

FRED

Qu'est-ce que tu m'as fait? Tu colles à moi comme mes dents à mes gencives. Je te vois partout, je vois ton ventre, ton sale ventre de chienne, je sens ta chaleur dans mes mains, j'ai ton odeur dans les narines. J'ai couru jusqu'ici, je ne savais pas si c'était pour te tuer ou pour te prendre de force. Maintenant, je sais. *(Il la lâche brusquement.)* Je ne peux pourtant pas me damner pour une putain. *(Il revient sur elle.)* C'est vrai ce que tu m'as dit, ce matin?

LIZZIE

Quoi?

FRED

Que je t'avais donné du plaisir?

LIZZIE

Laisse-moi tranquille.

FRED

Jure que c'est vrai. Jure-le! *(Il lui tord le poignet. On entend du bruit dans le cabinet de toilette.)* Qu'est-ce que c'est? *(Il écoute.)* Il y a quelqu'un ici.

LIZZIE

Tu es fou. Il n'y a personne.

FRED

Si. Dans le cabinet de toilette. *(Il marche vers le cabinet de toilette.)*

LIZZIE

Tu n'entreras pas.

FRED

Tu vois bien qu'il y a quelqu'un.

LIZZIE

C'est mon client d'aujourd'hui. Un type qui paie. Là. Es-tu content?

FRED

Un client? Tu n'auras plus de client. Plus jamais. Tu es à moi. *(Un temps.)* Je veux voir sa tête. *(Il crie.)* Sortez de là!

LIZZIE, *criant.*

Ne sors pas. C'est un piège.

FRED

Sacrée fille de putain. *(Il l'écarte violemment, va vers la porte et l'ouvre. Le nègre sort.)* C'est ça, ton client?

LIZZIE

Je l'ai caché parce qu'on veut lui faire du mal. Ne tire pas, tu sais bien qu'il est innocent. *(Fred tire son revolver. Le nègre prend brusquement son élan, le bouscule et sort. Fred lui court après. Lizzie va jusqu'à la porte d'entrée par où ils ont disparu tous les deux et se met à crier.)* Il est innocent! Il est innocent! *(Deux coups de feu, elle revient, le visage dur. Elle va à la table, prend le revolver. Fred revient.*

*Elle se tourne vers lui, dos au public, en tenant son
arme derrière son dos. Il jette la sienne sur la table.)*
Alors, tu l'as eu? *(Fred ne répond pas.)* Bon. Eh bien,
à présent, c'est ton tour. *(Elle le vise avec le revolver.)*

FRED

Lizzie! J'ai une mère.

LIZZIE

Ta gueule! On m'a déjà fait le coup.

FRED, *marchant lentement sur elle.*

Le premier Clarke a défriché toute une forêt à
lui seul; il a tué seize Indiens de sa main avant de
périr dans une embuscade; son fils a bâti presque
toute cette ville; il tutoyait Washington et il est
mort à Yorktown, pour l'indépendance des États-
Unis; mon arrière-grand-père était chef des Vigilants,
à San Francisco, il a sauvé vingt-deux personnes
pendant le grand incendie; mon grand-père est revenu
s'établir ici, il a fait creuser le canal du Mississipi
et il a été gouverneur de l'État. Mon père est sénateur; je serai sénateur après lui : je suis son seul
héritier mâle et le dernier de mon nom. Nous avons
fait ce pays et son histoire est la nôtre. Il y a eu des
Clarke en Alaska, aux Philippines, dans le Nouveau
Mexique. Oserais-tu tirer sur toute l'Amérique?

LIZZIE

Si tu avances, je te bute.

FRED

Tire! Mais tire donc! Tu vois, tu ne peux pas.

Une fille comme toi *ne peut pas* tirer sur un homme comme moi. Qui es-tu? Qu'est-ce que tu fais dans le monde? As-tu seulement connu ton grand-père? Moi, j'ai le droit de vivre : il y a beaucoup de choses à entreprendre et l'on m'attend. Donne-moi ce revolver. *(Elle le lui donne, il le met dans sa poche.)* Pour ce qui est du nègre, il courait trop vite : je l'ai raté. *(Un temps. Il lui entoure les épaules de son bras.)* Je t'installerai sur la colline, de l'autre côté de la rivière, dans une belle maison avec un parc. Tu te promèneras dans le parc, mais je te défends de sortir : je suis très jaloux. Je viendrai te voir trois fois par semaine, à la nuit tombée : le mardi, le jeudi et pour le week-end. Tu auras des domestiques nègres et plus d'argent que tu n'en as jamais rêvé, mais il faudra me passer tous mes caprices. Et j'en aurai! *(Elle s'abandonne un peu plus dans ses bras.)* C'est vrai que je t'ai donné du plaisir? Réponds. C'est vrai?

LIZZIE, *avec lassitude.*

Oui, c'est vrai.

FRED, *en lui tapant la joue.*

Allons, tout est rentré dans l'ordre. *(Un temps.)* Je m'appelle Fred.

RIDEAU

Morts sans sépulture

Deux actes, quatre tableaux.

PREMIER TABLEAU

Un grenier éclairé par une lucarne. Pêle-mêle d'objets hétéroclites : des malles; un vieux fourneau, un mannequin de couturière. Canoris et Sorbier sont assis, l'un sur une malle, l'autre sur un vieil escabeau, Lucie sur le fourneau. Ils ont les menottes. François marche de long en large. Il a aussi les menottes. Henri dort, couché par terre.

SCÈNE I

CANORIS, SORBIER, FRANÇOIS,
LUCIE, HENRI.

FRANÇOIS

Allez-vous parler, à la fin?

SORBIER, *levant la tête.*

Qu'est-ce que tu veux qu'on dise?

FRANÇOIS

N'importe quoi, pourvu que ça fasse du bruit.
Une musique vulgaire et criarde éclate soudain. C'est la radio de l'étage en dessous.

SORBIER

Voilà du bruit.

FRANÇOIS

Pas celui-là : c'est *leur* bruit. *(Il reprend sa marche et s'arrête brusquement.)* Ha!

SORBIER

Quoi encore?

FRANÇOIS

Ils m'entendent, ils se disent : voilà le premier d'entre eux qui s'énerve.

CANORIS

Eh bien, ne t'énerve pas. Assieds-toi. Mets les mains sur les genoux, tes poignets te feront moins mal. Et puis tais-toi. Essaie de dormir ou réfléchis.

FRANÇOIS

A quoi bon?

Canoris hausse les épaules. François reprend sa marche.

SORBIER

François!

FRANÇOIS

Eh?

SORBIER

Tes souliers craquent.

FRANÇOIS

Je les fais craquer exprès. *(Un temps. Il vient se planter devant Sorbier.)* Mais à quoi pouvez-vous penser?

SORBIER, *relevant la tête.*

Tu veux que je te le dise?

FRANÇOIS *le regarde et recule un peu.*

Non. Ne le dis pas.

SORBIER

Je pense à la petite qui criait.

LUCIE, *sortant brusquement de son rêve.*

Quelle petite?

SORBIER

La petite de la ferme. Je l'ai entendue crier, pendant qu'ils nous emmenaient. Le feu était déjà dans l'escalier.

LUCIE

La petite de la ferme? Il ne fallait pas nous le dire.

SORBIER

Il y en a beaucoup d'autres qui sont morts. Des enfants et des femmes. Mais je ne les ai pas entendus mourir. La petite, c'est comme si elle criait encore. Je ne pouvais pas garder ses cris pour moi tout seul.

LUCIE

Elle avait treize ans. C'est à cause de nous qu'elle est morte.

SORBIER

C'est à cause de nous qu'ils sont tous morts.

CANORIS, *à François.*

Tu vois qu'il valait mieux ne pas parler.

FRANÇOIS

Eh bien quoi? Nous n'allons pas faire long feu non plus. Tout à l'heure tu trouveras peut-être qu'ils ont de la veine.

SORBIER

Ils n'avaient pas accepté de mourir.

FRANÇOIS

Est-ce que j'avais accepté? Ce n'est pas notre faute si l'affaire est manquée.

SORBIER

Si. C'est notre faute.

FRANÇOIS

Nous avons obéi aux ordres.

SORBIER

Oui.

FRANÇOIS

Ils nous ont dit : « Montez là-haut et prenez le

village. » Nous leur avons dit : « C'est idiot, les Allemands seront prévenus dans les vingt-quatre heures. » Ils nous ont répondu : « Montez tout de même et prenez-le. » Alors nous avons dit : « Bon. » Et nous sommes montés. Où est la faute?

SORBIER

Il fallait réussir.

FRANÇOIS

Nous ne pouvions pas réussir.

SORBIER

Je sais. Il fallait réussir tout de même. *(Un temps.)* Trois cents. Trois cents qui n'avaient pas accepté de mourir et qui sont morts pour rien. Ils sont couchés entre les pierres, et le soleil les noircit; on doit les voir de toutes les fenêtres. A cause de nous. A cause de nous, dans ce village il n'y a plus que des miliciens, des murs et des pierres. Ce sera dur de crever avec ces cris dans les oreilles.

FRANÇOIS, *criant.*

Laisse-nous tranquilles avec tes morts. Je suis le plus jeune : je n'ai fait qu'obéir. Je suis innocent! Innocent! Innocent!

LUCIE, *doucement.*
D'un bout à l'autre de la scène précédente,
elle a conservé son calme.

François!

FRANÇOIS, *déconcerté, d'une voix molle.*

Quoi?

LUCIE

Viens t'asseoir près de moi, mon petit frère. *(Il hésite. Elle répète plus doucement encore.)* Viens! *(Il s'assied. Elle lui passe maladroitement ses mains enchaînées sur le visage.)* Comme tu as chaud! Où est ton mouchoir?

FRANÇOIS

Dans ma poche. Je ne peux pas l'attraper.

LUCIE

Dans cette poche-ci?

FRANÇOIS

Oui.

> *Lucie plonge une main dans la poche du veston, en retire péniblement un mouchoir et lui essuie le visage.*

LUCIE

Tu es en nage et tu trembles : il ne faut pas marcher si longtemps.

FRANÇOIS

Si je pouvais ôter ma veste...

LUCIE

N'y pense pas puisque c'est impossible. *(Il tire sur ses menottes.)* Non, n'espère pas les rompre. L'espoir fait mal. Tiens-toi tranquille, respire doucement, fais le mort; je suis morte et calme, je m'économise.

FRANÇOIS

Pour quoi faire? Pour pouvoir crier plus fort tout à l'heure. Quelles économies de bouts de chandelles. Il reste si peu de temps; je voudrais être partout à la fois.

Il veut se lever.

LUCIE

Reste là.

FRANÇOIS

Il faut que je tourne en rond. Dès que je m'arrête, c'est ma pensée qui se met à tourner. Je ne veux pas penser.

LUCIE

Pauvre petit.

FRANÇOIS, *il se laisse glisser*
aux genoux de Lucie.

Lucie, tout est si dur. Je ne peux pas regarder vos visages : ils me font peur.

LUCIE

Mets ta tête sur mes genoux. Oui, tout est si dur et toi tu es si petit. Si quelqu'un pouvait encore te sourire, en disant : mon pauvre petit. Autrefois je prenais tes chagrins en charge. Mon pauvre petit... mon pauvre petit... *(Elle se redresse brusquement.)*

Je ne peux plus. L'angoisse m'a séchée. Je ne peux plus pleurer.

FRANÇOIS

Ne me laisse pas seul. Il me vient des idées dont j'ai honte.

LUCIE

Écoute. Il y a *quelqu'un* qui peut *t'aider*... Je ne suis pas tout à fait seule... *(Un temps.)* Jean est avec moi, si tu pouvais...

FRANÇOIS

Jean?

LUCIE

Ils ne l'ont pas pris. Il descend vers Grenoble. C'est le seul de nous qui vivra demain.

FRANÇOIS

Après?

LUCIE

Il ira trouver les autres, ils recommenceront le travail ailleurs. Et puis, la guerre finira, ils vivront à Paris, tranquillement, avec de vraies photos sur de vraies cartes et les gens les appelleront par leurs vrais noms.

FRANÇOIS

Eh bien? Il a eu de la veine. Qu'est-ce que cela peut me faire?

LUCIE

Il descend à travers la forêt. Il y a des peupliers,
en bas, le long de la route. Il pense à moi. Il n'y a
plus que lui au monde pour penser à moi avec cette
douceur. A toi aussi; il pense. Il pense que tu es un
pauvre petit. Essaie de te voir avec ses yeux. Il peut
pleurer.

Elle pleure.

FRANÇOIS

Toi aussi tu peux pleurer.

LUCIE

Je pleure avec ses larmes.

Un temps. François se lève brusquement.

FRANÇOIS

Assez joué. Je finirais par le haïr.

LUCIE

Tu l'aimais pourtant.

FRANÇOIS

Pas comme tu l'aimais.

LUCIE

Non. Pas comme je l'aimais.

*Des pas dans le couloir. La porte s'ouvre.
Lucie se lève brusquement. Le milicien les regarde,
puis il referme la porte.*

SORBIER, *haussant les épaules.*

Ils s'amusent. Pourquoi t'es-tu levée?

LUCIE, *se rasseyant.*

Je croyais qu'ils venaient nous chercher.

CANORIS

Ils ne viendront pas de sitôt.

LUCIE

Pourquoi pas?

CANORIS

Ils commettent une erreur : ils croient que l'attente démoralise.

SORBIER

Est-ce une erreur? Ce n'est pas drôle d'attendre quand on se fait des idées.

CANORIS

Bien sûr. Mais d'un autre côté tu as le temps de te reprendre. Moi, la première fois, c'était en Grèce, sous Metaxas. Ils sont venus m'arrêter à quatre heures du matin. S'ils m'avaient un peu poussé, j'aurais parlé. Par étonnement. Ils ne m'ont rien demandé. Dix jours après, ils ont employé les grands moyens, mais c'était trop tard : ils avaient manqué l'effet de surprise.

SORBIER

Ils t'ont cogné dessus?

CANORIS

Dame!

SORBIER

A coups de poings?

CANORIS

A coups de poings, à coups de pied.

SORBIER

Tu... avais envie de parler?

CANORIS

Non. Tant qu'ils cognent ça peut aller.

SORBIER

Ah?... Ah, ça peut aller... *(Un temps.)* Mais quand ils tapent sur les tibias ou sur les coudes?

CANORIS

Non, non. Ça peut aller. *(Doucement.)* Sorbier.

SORBIER

Quoi?

CANORIS

Il ne faut pas avoir peur d'eux. Ils n'ont pas d'imagination.

SORBIER

C'est de moi que j'ai peur.

CANORIS

Mais pourquoi? Nous n'avons rien à dire. Tout ce que nous savons, ils le savent. Écoutez! *(Un temps.)* Ce n'est pas du tout comme on se le figure.

FRANÇOIS

Comment est-ce?

CANORIS

Je ne pourrais pas te le dire. Tiens, par exemple, le temps m'a paru court. *(Il rit.)* J'avais les dents si serrées que je suis resté trois heures sans pouvoir ouvrir la bouche. C'était à Nauplie. Il y avait un type qui portait des bottines à l'ancienne. Pointues du bout. Il me les envoyait dans la figure. Des femmes chantaient sous la fenêtre : j'ai retenu le chant.

SORBIER

A Nauplie? En quelle année?

CANORIS

En 36.

SORBIER

Eh bien, j'y suis passé. J'étais venu de Grèce sur le *Théophile-Gautier*. Je faisais du camping. J'ai vu la prison; il y a des figuiers de Barbarie contre les murs. Alors tu étais là-dedans et moi j'étais dehors? *(Il rit.)* C'est marrant.

CANORIS

C'est marrant.

SORBIER, *brusquement.*

Et s'ils te fignolent?

CANORIS

Hé?

SORBIER

S'ils te fignolent avec leurs appareils? *(Canoris hausse les épaules.)* Je me figure que je me défendrais par la modestie. A chaque minute je me dirais : je tiens le coup encore une minute. Est-ce que c'est une bonne méthode?

CANORIS

Il n'y a pas de méthode.

SORBIER

Mais comment ferais-tu, toi?

LUCIE

Vous ne pourriez pas vous taire? Regardez le petit : est-ce que vous croyez que vous lui donnez du courage? Attendez donc un peu, ils se chargeront de vous renseigner.

SORBIER

Lâche-nous! Qu'il se bouche les oreilles, s'il ne veut pas entendre.

LUCIE

Et moi, faut-il aussi que je me bouche les oreilles? Je n'aime pas vous entendre parce que j'ai peur de

vous mépriser. Avez-vous besoin de tous ces mots
pour vous donner du courage? J'ai vu mourir des
bêtes et je voudrais mourir comme elles : en silence!

SORBIER

Qui t'a parlé de mourir? On cause sur ce qu'ils
vont nous faire avant. Il faut bien qu'on s'y
prépare.

LUCIE

Je ne veux pas m'y préparer. Pourquoi vivrais-je
deux fois ces heures qui vont venir? Regardez Henri :
il dort. Pourquoi ne pas dormir?

SORBIER

Dormir? Et ils viendront me réveiller en me
secouant? Je ne veux pas. Je n'ai pas de temps à
perdre.

LUCIE

Alors pense à ce que tu aimes. Moi, je pense à
Jean, à ma vie, au petit, quand il était malade et
que je le soignais dans un hôtel d'Arcachon. Il y
avait des pins et de grandes vagues vertes que je
voyais de ma fenêtre.

SORBIER, *ironiquement.*

Des vagues vertes, vraiment? Je te dis que je n'ai
pas de temps à perdre.

LUCIE

Sorbier, je ne te reconnais pas.

SORBIER, *confus.*

Ça va! Ce sont les nerfs : j'ai des nerfs de pucelle. *(Il se lève et va vers elle.)* Chacun se défend à sa manière. Moi, je ne vaux rien quand on me prend au dépourvu. Si je pouvais ressentir la douleur par avance — juste un petit peu, pour la reconnaître au passage — je serais plus sûr de moi. Ce n'est pas ma faute; j'ai toujours été minutieux. *(Un temps.)* Je t'aime bien, tu sais. Mais je me sens seul. *(Un temps.)* Si tu veux que je me taise...

FRANÇOIS

Laisse-les parler. Ce qui compte, c'est le bruit qu'ils font.

LUCIE

Faites ce que vous voudrez.

Un silence.

SORBIER, *à voix plus basse.*

Hé, Canoris! *(Canoris lève la tête.)* Tu en as rencontré, toi, des gens qui avaient mangé le morceau?

CANORIS

Oui, j'en ai rencontré.

SORBIER

Alors?

CANORIS

Qu'est-ce que ça peut te faire puisque nous n'avons rien à dire.

SORBIER

Je veux savoir. Est-ce qu'ils se supportaient?

CANORIS

Ça dépend. Il y en a un qui s'est tiré dans la figure avec un fusil de chasse : il n'a réussi qu'à s'aveugler. Je le rencontrais quelquefois dans les rues du Pirée, conduit par une Arménienne. Il pensait qu'il avait payé. Chacun décide s'il a payé ou non. Nous en avons descendu un autre dans une foire, au moment où il s'achetait des loukoums. Depuis qu'il était sorti de prison il s'était mis à aimer les loukoums, parce que c'était sucré.

SORBIER

Le veinard.

CANORIS

Hum!

SORBIER

Si je lâchais le paquet, ça m'étonnerait que je me console avec du sucre.

CANORIS

On dit ça. On ne peut pas savoir avant d'y avoir passé.

SORBIER

De toute façon je ne crois pas que je m'aimerais beaucoup après. Je pense que j'irais décrocher le fusil de chasse.

FRANÇOIS

Moi, je préfère les loukoums.

SORBIER

François!

FRANÇOIS

Quoi! François? Est-ce que vous m'avez prévenu quand je suis venu vous trouver? Vous m'avez dit : la Résistance a besoin d'hommes, vous ne m'avez pas dit qu'elle avait besoin de héros. Je ne suis pas un héros, moi, je ne suis pas un héros! Je ne suis pas un héros! J'ai fait ce qu'on m'a dit : j'ai distribué des tracts et transporté des armes, et vous disiez que j'étais toujours de bonne humeur. Mais personne ne m'a renseigné sur ce qui m'attendait au bout. Je vous jure que je n'ai jamais su à quoi je m'engageais.

SORBIER

Tu le savais. Tu savais que René avait été torturé.

FRANÇOIS

Je n'y pensais jamais. *(Un temps.)* La petite qui est morte, vous la plaignez, vous dites : c'est à cause de nous qu'elle est morte. Et moi, si je parlais, quand ils me brûleront avec leurs cigares, vous diriez : c'est un lâche et vous me tendriez un fusil de chasse, à moins que vous ne me tiriez dans le dos. Pourtant, je n'ai que deux ans de plus qu'elle.

SORBIER

Je parlais pour moi.

CANORIS, *s'approchant de François.*

Tu n'as plus aucun devoir, François. Ni devoir, ni
consigne. Nous ne savons rien, nous n'avons rien à
taire. Que chacun se débrouille pour ne pas trop
souffrir. Les moyens n'ont pas d'importance.

> *François se calme peu à peu mais il reste
> prostré. Lucie le serre contre elle.*

SORBIER

Les moyens n'ont pas d'importance... Évidemment.
Crie, pleure, supplie, demande-leur pardon, fouille
dans ta mémoire pour trouver quelque chose à leur
avouer, quelqu'un à leur livrer : qu'est-ce que ça peut
faire : il n'y a pas d'enjeu; tu ne trouveras rien à
dire, toutes les petites saletés demeureront strictement
confidentielles. Peut-être que c'est mieux ainsi. *(Un
temps.)* Je n'en suis pas sûr.

CANORIS

Qu'est-ce que tu voudrais? Savoir un nom ou une
date, pour pouvoir les leur refuser?

SORBIER

Je ne sais pas. Je ne sais même pas si je pourrais
me taire.

CANORIS

Alors?

SORBIER

Je voudrais me connaître. Je savais qu'ils finiraient
par me prendre et que je serais, un jour, au pied du

mur, en face de moi, sans recours. Je me disais, tien-
dras-tu le coup? C'est mon corps qui m'inquiète,
comprends-tu? J'ai un sale corps mal foutu avec des
nerfs de femme. Eh bien, le moment est venu, ils
vont me travailler avec leurs instruments. Mais je
suis volé : je vais souffrir pour rien, je mourrai sans
savoir ce que je vaux.

> *La musique s'arrête. Ils sursautent et prêtent
> l'oreille.*

HENRI, *se réveillant brusquement.*

Qu'est-ce que c'est? *(Un temps.)* La polka est
finie, c'est à nous de danser, j'imagine. *(La musique
reprend.)* Fausse alerte. C'est curieux qu'ils aiment
tant la musique. *(Il se lève.)* Je rêvais que je dansais,
à Schéhérazade. Vous savez, Schéhérazade, à Paris.
Je n'y ai jamais été. *(Il se réveille lentement.)* Ah,
vous voilà... vous voilà... Tu veux danser, Lucie?

LUCIE

Non.

HENRI

Est-ce que les poignets vous font mal à vous aussi?
La chair a dû gonfler pendant que je dormais. Quelle
heure est-il?

CANORIS

Trois heures.

LUCIE

Cinq heures.

SORBIER

Six heures.

CANORIS

Nous ne savons pas.

HENRI

Tu avais une montre.

CANORIS

Ils l'ont cassée sur mon poignet. Ce qui est sûr, c'est que tu as dormi longtemps.

HENRI

C'est du temps qu'on m'a volé. *(A Canoris.)* Aide-moi. *(Canoris lui fait la courte échelle; Henri se hisse jusqu'à la lucarne.)* Il est cinq heures au soleil; c'est Lucie qui avait raison. *(Il redescend.)* La mairie brûle encore. Alors tu ne veux pas danser? *(Un temps.)* Je hais cette musique.

CANORIS, *avec indifférence.*

Bah!

HENRI

On doit l'entendre de la ferme.

CANORIS

Il n'y a plus personne pour l'entendre.

HENRI

Je sais. Elle entre par la fenêtre, elle tourne

au-dessus des cadavres. La musique, le soleil : tableau. Et les corps sont tout noirs. Ah! nous avons bien manqué notre coup. *(Un temps.)* Qu'est-ce qu'il a le petit?

LUCIE

Il n'est pas bien. Voilà huit jours qu'il n'a pas fermé l'œil. Comment as-tu fait pour dormir?

HENRI

C'est venu de soi-même. Je me suis senti si seul que ça m'a donné sommeil. *(Il rit.)* Nous sommes oubliés de la terre entière. *(S'approchant de François.)* Pauvre môme... *(Il lui caresse les cheveux puis s'arrête brusquement. A Canoris.)* Où est notre faute?

CANORIS

Je ne sais pas. Qu'est-ce que cela peut faire?

HENRI

Il y a eu faute : je me sens coupable.

SORBIER

Toi aussi? Ah! je suis bien content : je me croyais seul.

CANORIS

Oh! bon : moi aussi, je me sens coupable. Et qu'est-ce que cela change?

HENRI

Je n'aurais pas voulu mourir en faute.

CANORIS

Ne te casse donc pas la tête : je suis sûr que les copains ne nous reprocheront rien.

HENRI

Je me fous des copains. C'est à moi seul que je dois des comptes à présent.

CANORIS, *choqué, sèchement.*

Alors? C'est un confesseur que tu veux?

HENRI

Au diable, le confesseur. C'est à moi seul que je dois des comptes à présent. *(Un temps, comme à lui-même.)* Les choses n'auraient pas dû tourner de cette manière. Si je pouvais trouver cette faute...

CANORIS

Tu serais bien avancé.

HENRI

Je pourrais la regarder en face et me dire : voilà pourquoi je meurs. Bon Dieu! un homme ne peut pas crever comme un rat, pour rien et sans faire ouf.

CANORIS, *haussant les épaules.*

Bah!

SORBIER

Pourquoi hausses-tu les épaules? Il a le droit de sauver sa mort, c'est tout ce qui lui reste.

CANORIS

Bien sûr. Qu'il la sauve, s'il peut.

HENRI

Merci de la permission. *(Un temps.)* Tu ferais aussi bien de t'occuper de sauver la tienne : nous n'avons pas trop de temps.

CANORIS

La mienne? Pourquoi? A qui cela servirait-il? C'est une affaire strictement personnelle.

HENRI

Strictement personnelle. Oui. Après?

CANORIS

Je n'ai jamais pu me passionner pour les affaires personnelles. Ni pour celles des autres ni pour les miennes.

HENRI, *sans l'écouter.*

Si seulement je pouvais me dire que j'ai fait ce que j'ai pu. Mais c'est sans doute trop demander. Pendant trente ans, je me suis senti coupable. Coupable parce que je vivais. A présent, il y a les maisons qui brûlent par ma faute, il y a ces morts innocents et je vais mourir coupable. Ma vie n'a été qu'une erreur.

Canoris se lève et va vers lui.

CANORIS

Tu n'es pas modeste, Henri.

HENRI

Quoi?

CANORIS

Tu te fais du mal parce que tu n'es pas modeste. Moi, je crois qu'il y a beau temps que nous sommes morts : au moment précis où nous avons cessé d'être utiles. A présent il nous reste un petit morceau de vie posthume, quelques heures à tuer. Tu n'as plus rien à faire qu'à tuer le temps et à bavarder avec tes voisins. Laisse-toi aller, Henri, repose-toi. Tu as le droit de te reposer puisque nous ne pouvons plus rien faire ici. Repose-toi : nous ne comptons plus, nous sommes des morts sans importance. *(Un temps.)* C'est la première fois que je me reconnais le droit de me reposer.

HENRI

C'est la première fois depuis trois ans que je me retrouve en face de moi-même. On me donnait des ordres. J'obéissais. Je me sentais justifié. A présent personne ne peut plus me donner d'ordres et rien ne peut plus me justifier. Un petit morceau de vie en trop : oui. Juste le temps qu'il faut pour m'occuper de moi. *(Un temps.)* Canoris, pourquoi mourrons-nous?

CANORIS

Parce qu'on nous avait chargés d'une mission dangereuse et que nous n'avons pas eu de chance.

HENRI

Oui : c'est ce que penseront les copains, c'est

ce qu'on dira dans les discours officiels. Mais toi,
qu'est-ce que tu en penses?

CANORIS

Je ne pense rien. Je vivais pour la cause et j'ai
toujours prévu que j'aurais une mort comme celle-ci.

HENRI

Tu vivais pour la cause, oui. Mais ne viens pas me
dire que tu meurs pour elle. Peut-être, si nous avions
réussi et si nous étions morts à l'ouvrage, peut-être
alors... *(Un temps.)* Nous mourrons parce qu'on
nous a donné des ordres idiots, parce que nous les
avons mal exécutés et notre mort n'est utile à personne. La cause n'avait pas besoin qu'on attaque
ce village. Elle n'en avait pas besoin parce que le
projet était irréalisable. La cause ne donne jamais
d'ordre, elle ne dit jamais rien; c'est nous qui déci-
dons de ses besoins. Ne parlons pas de la cause. Pas
ici. Tant qu'on peut travailler pour elle, ça va.
Après il faut se taire et surtout ne pas s'en servir
pour notre consolation personnelle. Elle nous a rejetés parce que nous sommes inutilisables : elle en
trouvera d'autres pour la servir : à Tours, à Lille, à
Carcassonne, des femmes sont en train de faire les
enfants qui nous remplaceront. Nous avons essayé
de justifier notre vie et nous avons manqué notre
coup. A présent nous allons mourir et nous ferons
des morts injustifiables.

CANORIS, *avec indifférence.*

Si tu veux. Rien de ce qui se passe entre ces quatre

murs n'a d'importance. Espère ou désespère : il n'en sortira rien.

Un temps.

HENRI

Si seulement il nous restait quelque chose à entreprendre. N'importe quoi. Ou quelque chose à leur cacher... Bah! *(Un temps.) (A Canoris.)* Tu as une femme, toi?

CANORIS

Oui. En Grèce.

HENRI

Tu peux penser à elle?

CANORIS

J'essaie. C'est loin.

HENRI, *à Sorbier.*

Et toi?

SORBIER

J'ai mes vieux. Ils me croient en Angleterre. Je suppose qu'ils se mettent à table : ils dînent tôt. Si je pouvais me dire qu'ils vont sentir, tout d'un coup, un petit pincement au cœur, quelque chose comme un pressentiment... Mais je suis sûr qu'ils sont tout à fait tranquilles. Ils vont m'attendre pendant des années, de plus en plus tranquillement, et je mourrai dans leur cœur sans qu'ils s'en aperçoivent. Mon père doit parler du jardin. Il parlait toujours du jardin, à dîner. Tout à l'heure, il ira arroser ses choux. *(Il*

soupire.) Pauvre vieux! Pourquoi penserais-je à eux?
Ça n'aide pas.

HENRI

Non. Ça n'aide pas. *(Un temps.)* Tout de même, je
préférerais que mes vieux vivent encore. Je n'ai personne.

SORBIER

Personne au monde?

HENRI

Personne.

LUCIE, *vivement.*

Tu es injuste. Tu as Jean. Nous avons tous Jean.
C'était notre chef et il pense à nous.

HENRI

Il pense à toi parce qu'il t'aime.

LUCIE

A *nous tous.*

HENRI, *doucement.*

Lucie! Est-ce que nous parlions beaucoup de nos
morts? Nous n'avions pas le temps de les enterrer,
même dans nos cœurs. *(Un temps.)* Non. Je ne
manque nulle part, je ne laisse pas de vide. Les
métros sont bondés, les restaurants combles, les
têtes bourrées à craquer de petits soucis. J'ai glissé
hors du monde et il est resté plein. Comme un œuf.
Il faut croire que je n'étais pas indispensable. *(Un*

temps.) J'aurais voulu être indispensable. A quelque
chose ou à quelqu'un. *(Un temps.)* A propos, Lucie,
je t'aimais. Je te le dis à présent parce que ça n'a
plus d'importance.

LUCIE

Non. Ça n'a plus d'importance.

HENRI

Et voilà. *(Il rit.)* C'était vraiment tout à fait
inutile que je naisse.

La porte s'ouvre. Des miliciens entrent.

SORBIER

Bonjour. *(A Henri.)* Ils nous ont fait le coup
trois fois pendant que tu dormais.

LE MILICIEN

C'est toi qui te fais appeler Sorbier?

Un silence.

SORBIER

C'est moi.

LE MILICIEN

Suis-nous.

Nouveau silence.

SORBIER

Après tout, j'aime autant qu'ils commencent par
moi. *(Un temps. Il marche vers la porte.)* Je me
demande si je vais me connaître. *(Au moment de
sortir.)* C'est l'heure où mon père arrose ses choux.

SCÈNE II

Encore un long silence.

HENRI, *à Canoris.*

Donne-moi une cigarette.

CANORIS

Ils me les ont prises.

HENRI

Tant pis.

La musique joue une java.

Eh bien, dansons, puisqu'ils veulent qu'on danse,
Lucie?

LUCIE

Je t'ai dit que non.

HENRI

Comme tu veux. Les danseuses ne manquent pas.

Il s'approche du mannequin, lève ses mains

*enchaînées et les fait glisser le long des épaules
et des flancs du mannequin. Puis il se met à
danser en le tenant serré contre lui. La musique
cesse, Henri s'arrête, repose le mannequin et
relève lentement les bras pour se dégager.*
Ils ont commencé.

Ils écoutent.

CANORIS

Tu entends quelque chose?

HENRI

Rien.

FRANÇOIS

Qu'est-ce que tu crois qu'ils lui font?

CANORIS

Je ne sais pas. *(Un temps.)* Je voudrais qu'il
tienne le coup. Sinon, il va se faire beaucoup plus
de mal qu'ils ne lui en feront.

HENRI

Il tiendra forcément le coup.

CANORIS

Je veux dire : de l'intérieur. C'est plus difficile
quand on n'a rien à dire.

Un temps.

HENRI

Il ne crie pas, c'est déjà ça.

FRANÇOIS

Peut-être qu'ils l'interrogent, tout simplement.

CANORIS

Penses-tu!

Sorbier hurle. Ils sursautent.

LUCIE, *voix rapide et trop naturelle.*

A présent Jean doit être arrivé à Grenoble. Je serais étonnée qu'il ait mis plus de quinze heures. Il doit se sentir drôle : la ville est calme, il y a des gens aux terrasses des cafés et le Vercors n'est plus qu'un songe. *(La voix de Sorbier enfle. Celle de Lucie monte.)* Il pense à nous, il entend la radio par les fenêtres ouvertes, le soleil brille sur les montagnes, c'est une belle après-midi d'été. *(Cris plus forts.)* Ha! *(Elle se laisse tomber sur une malle et sanglote en répétant :)* Une belle après-midi d'été.

HENRI, *à Canoris.*

Je ne crierai pas.

CANORIS

Tu auras tort. Ça soulage.

HENRI

Je ne pourrais pas supporter l'idée que vous m'entendez et qu'elle pleure au-dessus de ma tête.

François se met à trembler.

FRANÇOIS, *au bord de la crise.*

Je ne crois pas... je ne crois pas...

Pas dans le couloir.

CANORIS

Tais-toi, petit, les voilà.

HENRI

A qui le tour?

CANORIS

A toi ou à moi. Ils garderont la fille et le môme pour la fin. *(La clé tourne dans la serrure.)* Je voudrais que ce fût à moi. Je n'aime pas les cris des autres.

> *La porte s'ouvre, on pousse Jean dans la pièce. Il n'a pas de menottes.*

SCÈNE III

Il cligne des yeux en rentrant pour s'accommoder à la pénombre. Tous se sont tournés vers lui. Le milicien sort en fermant la porte derrière lui.

LUCIE

Jean!

JEAN

Tais-toi. Ne prononce pas mon nom. Viens là contre le mur : ils nous regardent peut-être par une fente de la porte. *(Il la regarde.)* Te voilà! Te voilà! Je pensais ne jamais te revoir. Qui est là?

CANORIS

Canoris.

HENRI

Henri.

JEAN

Je vous distingue mal. Pierre et Jacques sont...?

HENRI

Oui.

JEAN

Le môme est là aussi? Pauvre gosse. *(D'une voix basse et rapide.)* J'espérais que vous étiez morts.

HENRI, *riant.*

Nous avons fait de notre mieux.

JEAN

Je m'en doute. *(A Lucie.)* Qu'as-tu?

LUCIE

Oh! Jean, tout est fini. Je me disais : il est à Grenoble, il marche dans les rues, il regarde les montagnes... Et... et... à présent tout est fini.

JEAN

Ne chiale pas. J'ai toutes les chances de m'en sortir.

HENRI

Comment est-ce qu'ils t'ont eu?

JEAN

Ils ne m'ont pas encore. Je suis tombé sur une de leurs patrouilles tout en bas, sur la route de Verdone. J'ai dit que j'étais de Cimiers; c'est un petit bourg dans la vallée. Ils m'ont ramené ici, le temps d'aller voir si j'ai dit vrai.

LUCIE

Mais à Cimiers, ils vont...

JEAN

J'ai des copains, là-bas, qui savent ce qu'ils ont à dire. Je m'en tirerai. *(Un temps.)* Il faut que je m'en tire; les copains ne sont pas prévenus.

HENRI *siffle.*

En effet. *(Un temps.)* Eh bien, qu'en dis-tu? L'avons-nous assez manqué, notre coup?

JEAN

Nous recommencerons ailleurs.

HENRI

Toi, tu recommenceras.

> *Des pas dans le couloir.*

CANORIS

Éloignez-vous de lui. Il ne faut pas qu'ils nous voient lui parler.

JEAN

Qu'est-ce que c'est?

HENRI

C'est Sorbier qu'ils ramènent.

JEAN

Ah! ils ont...

HENRI

Oui. Ils ont commencé par lui.

> *Des miliciens entrent en soutenant Sorbier qui s'affaisse contre une malle. Les miliciens sortent.*

LES MÊMES, *plus* SORBIER.

SORBIER, *sans voir Jean.*

M'ont-ils gardé longtemps?

HENRI

Une demi-heure.

SORBIER

Une demi-heure? Tu avais raison, Canoris. Le temps passe vite. M'avez-vous entendu crier? *(Ils ne répondent pas.)* Naturellement, vous m'avez entendu?

FRANÇOIS

Qu'est-ce qu'ils t'ont fait?

SORBIER

Tu verras. Tu verras bien. Il ne faut pas être si pressé.

FRANÇOIS

Est-ce que c'est... très dur?

SORBIER

Je ne sais pas. Mais voici ce que je peux t'apprendre; ils m'ont demandé où était Jean et si je l'avais su je le leur aurais dit. *(Il rit.)* Vous voyez : je me connais à présent. *(Ils se taisent.)* Qu'y a-t-il? *(Il suit leur regard. Il voit Jean, collé contre le mur, les bras écartés.)* Qui est là? C'est Jean?

HENRI, *vivement.*

Tais-toi. Ils le prennent pour un gars de Cimiers.

SORBIER

Pour un gars de Cimiers? *(Il soupire.)* C'est bien ma veine.

HENRI, *surpris.*

Qu'est-ce que tu dis?

SORBIER

Je dis : c'est bien ma veine. A présent, j'ai quelque chose à leur cacher.

HENRI, *presque joyeusement.*

C'est vrai. A présent, nous avons tous quelque chose à leur cacher.

SORBIER

Je voudrais qu'ils m'aient tué.

CANORIS

Sorbier! Je te jure que tu ne parleras pas. Tu ne *pourras pas* parler.

SORBIER

Je te dis que je livrerais ma mère. *(Un temps.)*
C'est injuste qu'une minute suffise à pourrir toute
une vie.

CANORIS, *doucement.*

Il faut beaucoup plus d'une minute. Crois-tu qu'un
moment de faiblesse puisse pourrir cette heure où tu
as décidé de tout quitter pour venir avec nous? Et
ces trois ans de courage et de patience? Et le jour où
tu as porté, malgré ta fatigue, le fusil et le sac du
petit?

SORBIER

Te casse pas la tête. A présent je sais. Je sais ce
que je suis pour de vrai.

CANORIS

Pour de vrai? Pourquoi serais-tu plus vrai aujour-
d'hui, quand ils te frappent, qu'hier quand tu refu-
sais de boire pour donner ta part à Lucie? Nous ne
sommes pas faits pour vivre toujours aux limites
de nous-mêmes. Dans les vallées aussi il y a des
chemins.

SORBIER

Bon. Eh bien, si je mangeais le morceau, tout à
l'heure, est-ce que tu pourrais encore me regarder
dans les yeux?

CANORIS

Tu ne mangeras pas le morceau.

SORBIER

Mais si je le faisais? *(Silence de Canoris.)* Tu vois bien. *(Un temps, il rit.)* Il y a des types qui mourront dans leur lit, la conscience tranquille. Bons fils, bons époux, bons citoyens, bons pères... Ha! ce sont des lâches comme moi et ils ne le sauront jamais. Ils ont de la chance. *(Un temps.)* Mais faites-moi taire! Qu'attendez-vous pour me faire taire?

HENRI

Sorbier, tu es le meilleur d'entre nous.

SORBIER

Ta gueule!

> *Des pas dans le couloir. Ils se taisent. La porte s'ouvre.*

LE MILICIEN

Le Grec, où est-il?

CANORIS

C'est moi!

LE MILICIEN

Amène-toi.

> *Canoris sort avec le milicien.*

SCÈNE V

LES MÊMES, *moins* CANORIS.

JEAN

C'est pour moi qu'il va souffrir.

HENRI

Autant que ce soit pour toi. Sinon ce serait pour rien.

JEAN

Quand il reviendra, comment pourrai-je supporter son regard? *(A Lucie.)* Dis-moi, est-ce que tu me hais?

LUCIE

Ai-je l'air de te haïr?

JEAN

Donne-moi ta main. *(Elle lui tend ses deux mains enchaînées.)* J'ai honte de n'avoir pas de menottes. Tu es là! Je me disais : au moins tout est fini pour elle. Finie la peur, finies la faim et la douleur. Et tu es là! Ils viendront te chercher et ils te ramèneront en te portant à moitié.

LUCIE

Il n'y aura dans mes yeux que de l'amour!

JEAN

Il faudra que j'entende tes cris.

LUCIE

J'essaierai de ne pas crier.

JEAN

Mais le gosse criera. Il criera, j'en, suis sûr.

FRANÇOIS

Tais-toi! Tais-toi! Taisez-vous tous! Est-ce que vous voulez me rendre fou? Je ne suis pas un héros et je ne veux pas qu'on me martyrise à ta place!

LUCIE

François!

FRANÇOIS

Fichez-moi la paix : je ne couche pas avec lui. *(A Jean.) Moi*, je te hais, si tu veux le savoir.

Un temps.

JEAN

Tu as raison.

Il va vers la porte.

HENRI

Hé là! Qu'est-ce que tu fais?

JEAN

Je n'ai pas l'habitude d'envoyer mes gars se faire casser la gueule à ma place.

HENRI

Qui préviendra les copains?

Jean s'arrête.

FRANÇOIS

Laisse-le faire! S'il veut se dénoncer. Tu n'as pas le droit de l'en empêcher.

HENRI, *à Jean, sans se soucier de François.*

Ce sera du beau, quand ils s'amèneront par ici en croyant que nous tenons le village. *(Jean revient sur ses pas, la tête basse. Il s'assoit.)* Donne-moi plutôt une cigarette. *(Jean lui donne une cigarette.)* Donnes-en une aussi au petit.

FRANÇOIS

Laisse-moi tranquille.

Il remonte vers le fond.

HENRI

Allume-la. *(Jean la lui allume. Henri en tire deux bouffées puis a un ou deux sanglots nerveux.)* Ne t'inquiète pas. J'aime fumer mais je ne savais pas que cela pouvait faire autant de plaisir. Combien t'en reste-t-il?

JEAN

Une.

HENRI, *à Sorbier.*

Tiens. *(Sorbier prend la cigarette sans mot dire et tire quelques bouffées, puis il la rend. Henri se tourne vers Jean.)* Je suis content que tu sois là. D'abord tu m'as donné une cigarette et puis tu seras notre témoin, c'est glacial. Tu iras voir les parents de Sorbier et tu écriras à la femme de Canoris.

LUCIE

Demain, tu descendras vers la ville; tu emporteras dans tes yeux mon dernier visage vivant, tu seras le seul au monde à le connaître. Il ne faudra pas l'oublier. Moi, c'est toi. Si tu vis, je vivrai.

JEAN

L'oublier.

Il s'avance vers elle. On entend des pas.

HENRI

Reste où tu es et tais-toi : ils viennent. C'est mon tour, il faut que je me presse, sans quoi je n'aurais pas le temps de finir. Écoute! si tu n'étais pas venu, nous aurions souffert comme des bêtes, sans savoir pourquoi. Mais tu es là, et tout ce qui va se passer à présent aura un sens. On va lutter. Pas pour toi seul, pour tous les copains. Nous avons manqué notre coup mais nous pourrons peut-être sauver la face. *(Un temps.)* Je croyais être tout à fait inutile, mais je vois maintenant qu'il y a quelque chose à quoi je suis nécessaire : avec un peu de chance, je pourrai peut-être me dire que je ne meurs pas pour rien.

*La porte s'ouvre. Canoris paraît, soutenu par
deux miliciens.*

SORBIER

Il n'a pas crié, lui.

RIDEAU

DEUXIÈME TABLEAU

Une salle d'école. Bancs et pupitres. Murs crépis en blanc. Au mur du fond, carte d'Afrique et portrait de Pétain. Un tableau noir. A gauche une fenêtre. Au fond une porte. Poste de radio sur une tablette, près de la fenêtre.

SCÈNE I

CLOCHET, PELLERIN, LANDRIEU.

CLOCHET

On passe au suivant?

LANDRIEU

Une minute. Qu'on prenne le temps de bouffer.

CLOCHET

Bouffez si vous voulez. Je pourrais peut-être en interroger un pendant ce temps-là.

LANDRIEU

Non, ça te ferait trop plaisir. Tu n'as donc pas faim?

CLOCHET

Non.

LANDRIEU, *à Pellerin.*

Clochet qui n'a pas faim! *(A Clochet.)* Il faut que tu sois malade?

CLOCHET

Je n'ai pas faim quand je travaille.

Il va à la radio et tourne le bouton.

PELLERIN

Ne nous casse pas la tête.

CLOCHET *grommelle, on entend.*

...n'aiment pas la musique!

PELLERIN

Tu dis?

CLOCHET

Je dis que je suis toujours surpris quand je vois des gens qui n'aiment pas la musique.

PELLERIN

J'aime peut-être la musique. Mais pas celle-ci et pas ici.

CLOCHET

Ah oui? Moi, du moment que ça chante... *(Avec regret.)* On l'aurait fait jouer tout doucement...

PELLERIN

Non...

CLOCHET

Vous êtes des brutes. *(Un temps.)* On l'envoie chercher?

LANDRIEU

Mais lâche-nous, bon Dieu! Il y en a trois à faire passer, c'est un coup de dix heures du soir. Je m'énerve, moi, quand je travaille le ventre vide.

CLOCHET

D'abord il n'en reste que deux, puisqu'on garde le petit pour demain. Et puis, avec un peu d'organisation, on pourrait les liquider en deux heures. *(Un temps.)* Ce soir Radio-Toulouse donne *La Tosca*.

LANDRIEU

Je m'en fous. Descends voir ce qu'ils ont trouvé à bouffer.

CLOCHET

Je le sais : des poulets.

LANDRIEU

Encore! J'en ai marre. Va me chercher une boîte de singe.

CLOCHET, *à Pellerin.*

Et toi?

PELLERIN

Du singe aussi.

LANDRIEU

Et puis tu nous enverras quelqu'un pour laver ça.

CLOCHET

Quoi?

LANDRIEU

Ça! C'est là que le Grec a saigné! C'est moche.

CLOCHET

Il ne faut pas laver le sang. Cela peut impression-ner les autres.

LANDRIEU

Je ne mangerai pas tant qu'il y aura cette cochon-nerie sur le plancher. *(Un temps.)* Qu'attends-tu?

CLOCHET

Il ne faut pas laver ce sang.

LANDRIEU

Qui est-ce qui commande?

Clochet hausse les épaules et sort.

SCÈNE II

PELLERIN

Ne le charrie pas trop.

LANDRIEU

Je vais me gêner.

PELLERIN

Ce que je t'en dis... Il a un cousin auprès de Darnand. Il lui envoie des rapports. Je crois que c'est lui qui a fait virer Daubin.

LANDRIEU

La sale punaise! S'il veut me faire virer, il faudra qu'il se presse, parce que j'ai dans l'idée que Darnand passera à la casserole avant moi.

PELLERIN

Peut se faire.

Il soupire et va machinalement à la radio.

LANDRIEU

Ah non! Pas toi.

PELLERIN

C'est pour les nouvelles.

LANDRIEU, *ricanant.*

Je crois que je les connais, les nouvelles.

Pellerin manœuvre les boutons de la radio.

VOIX DU SPEAKER

Au quatrième top il sera exactement huit heures. *(Tops. Ils règlent leurs montres.)* Chers auditeurs, dans quelques instants, vous entendrez notre concert du dimanche.

LANDRIEU, *soupirant.*

C'est vrai que nous sommes dimanche. *(Premières mesures d'un morceau de musique.)* Tords-lui le cou.

PELLERIN

Le dimanche, je prenais ma bagnole, je ramassais une poule à Montmartre et je filais au Touquet.

LANDRIEU

Quand cela?

PELLERIN

Oh! Avant la guerre.

VOIX DU SPEAKER

J'ai trouvé des clous dans le jardin du presbytère. Nous répétons : j'ai trouvé...

LANDRIEU

Vos gueules, fumiers!

> *Il prend une boîte de conserves et la lance dans la direction de l'appareil.*

PELLERIN

Tu es fou? Tu vas casser la radio.

LANDRIEU

Je m'en fous. Je ne veux pas entendre ces fumiers-là.

> *Pellerin tourne les boutons.*

VOIX DU SPEAKER

Les troupes allemandes tiennent solidement à Cherbourg et à Caen. Dans le secteur de Saint-Lô, elles n'ont pu enrayer une légère avance de l'ennemi.

LANDRIEU

Compris. Ferme-la. *(Un temps.)* Qu'est-ce que tu feras, toi? Où iras-tu?

PELLERIN

Qu'est-ce que tu veux qu'on fasse? C'est cuit!

LANDRIEU

Oui. Les salauds!

PELLERIN

Qui ça?

LANDRIEU

Tous. Les Allemands aussi. Ils se valent tous. *(Un temps.)* Si c'était à refaire...

PELLERIN

Moi, je crois que je ne regrette rien. J'ai bien rigolé. Du moins jusqu'à ces derniers temps.

Clochet rentre, apportant les boîtes de conserves.

SCÈNE III

LES MÊMES, CLOCHET, *puis un* MILICIEN.

LANDRIEU

Dis donc, Clochet, les Anglais ont débarqué à Nice.

CLOCHET

A Nice?

LANDRIEU

Ils n'ont pas rencontré de résistance. Ils marchent sur Puget-Téniers.

Clochet se laisse tomber sur un banc.

CLOCHET

Sainte Vierge!

Pellerin et Landrieu se mettent à rire.

C'est de la blague? Vous ne devriez pas faire de ces plaisanteries-là!

LANDRIEU

Ça va. Tu mettras ça ce soir dans ton rapport.

(Le milicien entre.) Nettoyez-moi ça. *(A Pellerin.)*
Tu viens manger?

> *Pellerin s'approche, prend la boîte de singe, la
> regarde, puis la repose.*

PELLERIN, *il bâille.*

Je me sens toujours drôle avant de commencer.
(Il bâille.) Je ne suis pas assez méchant; je m'irrite
seulement quand ils s'entêtent. Qu'est-ce que c'est,
le type qu'on interroge?

CLOCHET

Un grand, de trente ans, solide. Il y aura du sport.

LANDRIEU

Qu'il ne nous fasse pas le coup du Grec.

PELLERIN

Bah! Le Grec, c'était une brute.

LANDRIEU

N'empêche. Ça la fout mal quand ils ne parlent
pas. *(Il bâille.)* Tu me fais bâiller. — *(Un temps.
Landrieu regarde le fond de sa boîte de singe sans
parler, puis tout d'un coup au milicien.)* Eh bien, va
le chercher.

> *Le milicien sort. Silence. Clochet sifflote. Pel-
> lerin va à la fenêtre et l'ouvre toute grande.*

CLOCHET

N'ouvre pas la fenêtre. Il commence à faire frais.

PELLERIN

Quelle fenêtre? Ah oui... *(Il rit.)* Je l'ai ouverte sans y penser.

Il va pour la refermer.

LANDRIEU

Laisse. Ça cogne ici, j'ai besoin d'air.

CLOCHET

Comme vous voudrez.

Entrent Henri et trois miliciens.

LANDRIEU

Asseyez-le. Otez-lui les menottes. Attachez ses mains aux bras du fauteuil. *(Les miliciens l'attachent.)* Ton nom?

HENRI

Henri.

LANDRIEU

Henri comment?

HENRI

Henri.

Landrieu fait un signe. Les miliciens frappent Henri.

LANDRIEU

Alors? Comment t'appelles-tu?

HENRI

Je m'appelle Henri, c'est tout.

Ils le frappent.

LANDRIEU

Arrêtez, vous allez l'abrutir. Ton âge?

HENRI

Vingt-neuf ans.

LANDRIEU

Profession?

HENRI

Avant la guerre, je faisais ma médecine.

PELLERIN

Tu as de l'instruction, salaud. *(Aux miliciens.)*
Tapez dessus.

LANDRIEU

Ne perdons pas de temps.

PELLERIN

Sa médecine! Mais tapez donc!

LANDRIEU

Pellerin! *(A Henri.)* Où est ton chef?

HENRI

Je ne sais pas.

LANDRIEU

Bien sûr. Non, ne le frappez pas. Tu fumes? Passez-lui cette cigarette : Attendez. *(Il la met dans sa propre bouche, l'allume et la lui tend. Un milicien la plante dans la bouche d'Henri.)* Fume. Qu'est-ce que tu espères? Tu ne nous épateras pas. Allons, Henri ne crâne pas : personne ne te voit. Ménage ton temps et le nôtre : il ne te reste pas tellement d'heures à vivre.

HENRI

Ni à vous.

LANDRIEU

Pour nous, ça se compte en mois : nous t'enterrerons. Fume. Et réfléchis. Puisque tu es instruit, montre-toi réaliste. Si ce n'est pas toi qui parles, ce sera ta copine ou le môme.

HENRI

C'est leur affaire.

LANDRIEU

Où est ton chef?

HENRI

Essayez de me le faire dire.

LANDRIEU

Tu préfères?   Ote-lui   sa   cigarette.   Clochet, arrange-le.

CLOCHET

Mettez les bâtons dans les cordes. *(Les miliciens glissent deux bâtons dans les cordes qui serrent les poignets d'Henri.)* Parfait. On les tournera jusqu'à ce que tu parles.

HENRI

Je ne parlerai pas.

CLOCHET

Pas tout de suite : tu crieras d'abord.

HENRI

Essaie de me faire crier.

CLOCHET

Tu n'es pas humble. Il faut être humble. Si tu tombes de trop haut tu te casses. Tournez. Lentement. Alors? Rien? Non. Tournez, tournez. Attendez : il commence à souffrir. Alors? Non? Bien sûr : la douleur n'existe pas pour un type qui a ton instruction. L'ennui, c'est qu'on la voit sur ta figure. *(Doucement.)* Tu sues. J'ai mal pour toi. *(Il lui essuie le visage avec son mouchoir.)* Tournez. Criera, criera pas? Tu remues. Tu peux t'empêcher de crier, mais pas de remuer la tête. Comme tu as mal. *(Il passe le doigt sur les joues d'Henri.)* Comme tes mâchoires sont serrées : tu as donc peur? « Si je pouvais tenir un moment, rien qu'un petit moment... » Mais après ce moment-là il en viendra un autre et puis encore un autre, jusqu'à ce que tu penses que la souffrance est trop forte et qu'il vaut mieux te mépriser. *(Il lui prend la tête dans ses mains.)* Ces yeux ne me voient déjà plus. Qu'est-ce qu'ils voient? *(Doucement.)* Tu es beau. Tournez. *(Un temps. Triomphalement.)* Tu vas crier, Henri, tu vas crier. Je vois le cri qui gonfle ton cou; il monte à tes lèvres. Encore un petit effort. Tournez. *(Henri crie.)* Ha! *(Un temps.)* Comme tu dois avoir honte. Tournez. Ne vous arrêtez pas. *(Henri crie.)* Tu vois; il n'y a que le premier cri qui coûte. A présent, tout doucement, tout naturellement, tu vas parler.

HENRI

Vous n'aurez de moi que des cris.

CLOCHET

Non, Henri, non. Tu n'as plus le droit de faire le fier. « Essaie de me faire crier! » Tu as vu; ça n'a pas traîné. Où est ton chef? Sois humble, Henri, tout à fait humble. Dis-nous où il est. Eh bien, qu'attends-tu? Crie ou parle. Tournez. Mais tournez, bon Dieu, cassez-lui les poignets. Arrêtez : il est tombé dans les pommes. *(Il va chercher une bouteille d'alcool et un verre. Il fait boire Henri avec douceur.)* Bois, pauvre martyr. Tu te sens mieux? Eh bien, nous allons commencer. Allez chercher les appareils.

LANDRIEU

Non!

CLOCHET

Quoi?

Landrieu se passe la main sur le front.

LANDRIEU

Emmenez-le à côté. Vous le travaillerez là-bas.

CLOCHET

Nous serons à l'étroit.

LANDRIEU

C'est moi qui commande, Clochet. Voilà deux fois
que je te le fais remarquer.

CLOCHET

Mais...

LANDRIEU, *criant.*

Est-ce que tu veux que je te foute mon poing dans
la gueule?

CLOCHET

Bon, bon, emmenez-le.

> *Les miliciens détachent Henri et l'emportent.*
> *Clochet les suit.*

PELLERIN

Tu viens?

LANDRIEU

Non. Clochet m'écœure.

PELLERIN

Il cause trop. *(Un temps.)* Sa médecine! Le salaud.
J'ai quitté le lycée à treize ans, moi, il fallait que je
gagne ma vie. Je n'ai pas eu la chance d'avoir des
parents riches pour me payer mes études.

LANDRIEU

J'espère qu'il parlera.

PELLERIN

Nom de Dieu, oui; il parlera!

LANDRIEU

Ça la fout mal, un type qui ne parle pas.

Henri crie. Landrieu va à la porte et la ferme. Nouveaux cris, qu'on entend distinctement à travers la porte. Landrieu va au poste de radio et tourne le bouton.

PELLERIN, *stupéfait.*

Toi aussi, Landrieu?

LANDRIEU

Ce sont ces cris. Il faut avoir les nerfs solides.

PELLERIN

Qu'il crie! C'est un salaud, un sale intellectuel. *(Musique.aiguë.)* Moins fort. Tu m'empêches d'entendre.

LANDRIEU

Va les rejoindre. *(Pellerin hésite, puis sort.)* Il faut qu'il parle. C'est un lâche, il faut que ce soit un lâche.
Musique et cris. Les cris cessent. Un temps. Pellerin revient, pâle.

PELLERIN

Arrête la musique.

Landrieu tourne le bouton.

LANDRIEU

Alors?

PELLERIN

Ils le tueront sans qu'il parle.

LANDRIEU *va à la porte.*

Arrêtez. Ramenez-le ici.

SCÈNE V

LES MÊMES, CLOCHET,
LES MILICIENS, HENRI.

PELLERIN *va à Henri.*

Ce n'est pas fini. On remettra ça, n'aie pas peur.
Baisse les yeux. Je te dis de baisser les yeux. *(Il le
frappe.)* Salaud!

CLOCHET, *s'approchant.*

Tends la main, je vais te remettre les menottes.
(Il lui met les menottes, très doucement.) Ça fait mal,
hein? Ça fait très mal? Pauvre petit gars. *(Il lui
caresse les cheveux.)* Allons, ne sois pas si fier : tu
as crié, tu as crié tout de même. Demain tu parleras.

> *Les miliciens emmènent Henri sur un geste de
> Landrieu.*

SCÈNE VI

LES MÊMES, *moins* HENRI
et les MILICIENS.

PELLERIN

Le salaud!

LANDRIEU

Ça la fout mal.

CLOCHET

Quoi?

LANDRIEU

Ça la fout mal, un type qui ne parle pas.

CLOCHET

Il avait crié pourtant. Il avait crié...

Il hausse les épaules.

PELLERIN

Amenez la fille.

LANDRIEU

La fille... Si elle ne parle pas...

PELLERIN

Eh bien...

LANDRIEU

Rien. *(Avec une violence subite.)* Il *faut* qu'il y en ait un qui parle.

CLOCHET

C'est le blond qu'il faut faire redescendre. Il est à point.

LANDRIEU

Le blond?

CLOCHET

Sorbier. C'est un lâche.

LANDRIEU

Un lâche? Va le chercher.

Clochet sort.

SCÈNE VII

PELLERIN

Ce sont tous des lâches. Seulement il y en a qui sont butés.

LANDRIEU

Pellerin? Qu'est-ce que tu ferais si on t'arrachait les ongles?

PELLERIN

Les Anglais n'arrachent pas les ongles.

LANDRIEU

Mais les maquisards?

PELLERIN

On ne nous arrachera pas les ongles.

LANDRIEU

Pourquoi?

PELLERIN

A nous, ces choses-là ne peuvent pas arriver.

Rentre Clochet, précédant Sorbier.

CLOCHET

Laisse-moi l'interroger.

SCÈNE VIII

LES MÊMES, CLOCHET,
puis SORBIER, *accompagné de* MILICIENS.

CLOCHET

Otez ses menottes. Attachez ses bras au fauteuil.
(Il va vers Sorbier.) Eh oui, te voilà. Te voilà de
nouveau sur ce fauteuil. Et nous sommes là. Sais-tu
pourquoi nous t'avons fait redescendre?

SORBIER

Non.

CLOCHET

Parce que tu es lâche et que tu vas manger le morceau. Tu n'es pas un lâche?

SORBIER

Si.

CLOCHET

Tu vois, tu vois bien... Je l'ai lu dans tes yeux.
Montre-les, ces yeux grands ouverts...

SORBIER

Tu auras les mêmes quand on te pendra.

CLOCHET

Ne crâne pas, ça te va mal.

SORBIER

Les mêmes; on est frères. Je t'attire, hein? Ce n'est pas moi que tu tortures. C'est toi.

CLOCHET, *brusquement.*

Tu es juif?

SORBIER, *étonné.*

Moi? Non.

CLOCHET

Je te jure que tu es juif. *(Il fait un signe aux miliciens qui frappent Sorbier.)* Tu n'es pas juif?

SORBIER

Si. Je suis juif.

CLOCHET

Bon. Alors, écoute! Les ongles d'abord. Ça te donnera le temps de réfléchir! Nous ne sommes pas pressés, nous avons la nuit! Parleras-tu?

SORBIER

Quelle ordure!

CLOCHET

Qu'est-ce que tu dis?

SORBIER

Je dis : quelle ordure. Toi et moi, nous sommes des ordures.

CLOCHET, *aux miliciens.*

Prenez la pince et commencez.

SORBIER

Laissez-moi! Laissez-moi! Je vais parler. Je vous dirai tout ce que vous voudrez.

CLOCHET, *aux miliciens.*

Tirez-lui un peu sur l'ongle tout de même, pour lui montrer que c'est sérieux. *(Sorbier gémit.)* Bon. Où est ton chef?

SORBIER

Détachez-moi, je ne peux plus rester sur ce fauteuil. Je ne peux plus : Je ne peux plus! *(Signe de Landrieu. Les miliciens le détachent. Il se lève en chancelant et va vers la table.)* Une cigarette.

LANDRIEU

Après.

SORBIER

Qu'est-ce que vous voulez savoir? Où est le chef? Je le sais. Les autres ne le savent pas; moi, je le sais. J'étais dans ses confidences. Il est... *(Désignant brusquement un point derrière eux.)* ...là! *(Tout le monde se retourne. Il bondit à la fenêtre et saute sur l'entablement.)* J'ai gagné! N'approchez pas ou je saute. J'ai gagné! J'ai gagné!

CLOCHET

Ne fais pas l'idiot. Si tu parles, on te libère.

SORBIER

Des clous! *(Criant.)* Hé, là-haut! Henri, Canoris, je n'ai pas parlé! *(Les miliciens se jettent sur lui. Il saute dans le vide.)* Bonsoir!

CLOCHET, LANDRIEU, PELLERIN, LES MILICIENS.

PELLERIN

Le salaud! Le sale couard!

Ils se penchent à la fenêtre.

LANDRIEU, *aux miliciens.*

Descendez. S'il est vivant, rapportez-le. On le travaillera à chaud, jusqu'à ce qu'il nous claque entre les mains.

Les miliciens sortent. Un temps.

CLOCHET

Je vous avais dit de fermer la fenêtre.

Landrieu va à lui et lui donne un coup de poing en pleine figure.

LANDRIEU

Tu mettras ça dans ton rapport.

Un temps. Clochet a pris son mouchoir et s'essuie la bouche. Les miliciens reviennent.

UN MILICIEN

Crevé!

LANDRIEU

La salope! *(Aux miliciens.)* Allez me chercher la fille. *(Les miliciens sortent.)* Ils parleront, nom de Dieu! Ils parleront!

RIDEAU

TROISIÈME TABLEAU

*Le grenier. François, Canoris, Henri, assis par
terre les uns contre les autres. Ils forment un groupe
serré et clos. Ils parlent entre eux, à mi-voix. Jean
tourne autour d'eux d'un air malheureux. De temps
en temps il a un mouvement comme pour se mêler à
la conversation et puis il se reprend et continue sa
marche.*

SCÈNE I

FRANÇOIS, HENRI, CANORIS, JEAN.

CANORIS

Pendant qu'ils m'attachaient les bras, je les regardais. Un type est venu et m'a frappé. Je l'ai regardé
et j'ai pensé : j'ai vu cette tête-là quelque part.
Après ça, ils se sont mis à cogner et moi j'essayais
de me rappeler.

HENRI

Lequel est-ce?

CANORIS

Le grand qui est si communicatif. Je l'ai vu à
Grenoble. Tu connais Chasières, le pâtissier de la rue
Longue? Il vend ses cornets à la crème dans son
arrière-boutique. Tous les dimanches matin, le type
sortait de là; il portait un paquet de gâteaux par
une ficelle rose. Je l'avais repéré à cause de sa sale
gueule. Je croyais qu'il était de la police.

HENRI

Tu aurais pu me le dire plus tôt.

CANORIS

Qu'il était de la police?

HENRI

Que Chasières vendait des cornets à la crème. A
toi aussi il a fait des boniments?

CANORIS

Je veux. Il s'était penché sur moi et me soufflait
sur la figure.

JEAN, *brusquement.*

Qu'est-ce qu'il disait?

*Ils se retournent sur lui et le regardent avec
surprise.*

HENRI

Rien. Des salades.

JEAN

Je n'aurais pas pu le supporter.

HENRI

Pourquoi? Ça distrait.

JEAN

Ah! Ah! oui? Évidemment, je ne me rends pas bien compte.

Un silence. Henri se tourne vers Canoris.

HENRI

Qu'est-ce que tu crois qu'ils font, dans le civil?

CANORIS

Le gros qui prend des notes pourrait être dentiste.

HENRI

Pas mal. Dis donc : heureusement qu'il n'a pas apporté sa roulette.

Ils rient.

JEAN, *avec violence.*

Ne riez pas. *(Ils cessent de rire et regardent Jean.)* Je sais : vous pouvez rire, vous. Vous avez le droit de rire. Et puis, je n'ai plus d'ordres à vous donner. *(Un temps.)* Si vous m'aviez dit qu'un jour vous m'intimideriez... *(Un temps.)* Mais comment pouvez-vous être gais?

HENRI

On s'arrange.

JEAN

Bien sûr. Et vous souffrez pour votre compte. C'est ça qui donne une bonne conscience. J'ai été marié; je ne vous l'ai pas dit. Ma femme est morte en couches. Je me promenais dans le vestibule de la clinique et je savais qu'elle allait mourir. C'est pareil, tout est pareil! J'aurais voulu l'aider, je ne pouvais pas. Je marchais, je tendais l'oreille pour entendre ses cris. Elle ne criait pas. Elle avait le beau rôle. Vous aussi.

HENRI

Ce n'est pas notre faute.

JEAN

Ni la mienne. Je voudrais pouvoir vous aider.

CANORIS

Tu ne peux pas.

JEAN

Je le sais. *(Un temps.)* Voilà deux heures qu'ils l'ont emmenée. Ils ne vous ont pas gardés si longtemps.

HENRI

C'est une femme. Avec les femmes, ils s'amusent.

JEAN, *avec éclat.*

Je reviendrai. Dans huit jours, dans un mois, je reviendrai. Je les ferai châtrer par mes hommes.

HENRI

Tu as de la chance de pouvoir encore les haïr.

CANORIS

JEAN

Est-ce une chance? Et puis je les hais surtout pour me distraire.

Il marche un moment, puis, pris d'une idée, traîne un vieux fourneau sous la lucarne.

CANORIS

Tu es fatigant. Qu'est-ce que tu fais?

JEAN

Je veux le revoir avant que la nuit tombe.

HENRI

Qui?

JEAN

Sorbier.

HENRI, *avec indifférence.*

Ah!

Jean monte sur le fourneau et regarde par la lucarne.

JEAN

Il est toujours là. Ils le laisseront pourrir là. Voulez-vous monter? Je vous aiderai.

CANORIS

Pour quoi faire?

JEAN

Oui. Pour quoi faire? Les morts, vous me les laissez.

FRANÇOIS

Moi je veux voir.

HENRI

Je ne te le conseille pas.

FRANÇOIS, *à Jean.*

Aide-moi. *(Jean aide François à monter. Il regarde à son tour par la lucarne.)* Il a... il a le crâne défoncé.

Il redescend et va s'accroupir dans un coin, tout tremblant.

HENRI, *à Jean.*

C'est malin.

JEAN

Eh bien quoi? Vous êtes si durs; je pensais que vous pourriez supporter la vue d'un cadavre.

HENRI

Moi peut-être, pas le petit. *(A François.)* Les oraisons funèbres, c'est Jean que ça regarde. Tu n'as pas à prendre ce mort en charge. Il a fini : le silence sur lui. Toi, tu as encore un bout de chemin à faire. Occupe-toi de toi.

FRANÇOIS

J'aurai cette tête écrasée, et ces yeux...

HENRI

Ça ne te regarde plus : tu seras pas là pour te voir.

Un temps. Jean se promène de long en large puis revient se planter devant Canoris et Henri.

JEAN

Est-ce qu'il faudra qu'on m'arrache les ongles pour que je redevienne votre copain?

CANORIS

Tu es toujours notre copain.

JEAN

Tu sais bien que non. *(Un temps.)* Qui vous dit que je n'aurais pas tenu le coup! *(A Henri.)* Peut-être que je n'aurais pas crié, moi?

HENRI

Après?

JEAN

Pardonnez-moi. Je n'ai pas le droit de me taire.

HENRI

Jean!... Viens t'asseoir près de nous. *(Jean hésite et s'assied.)* Tu serais comme nous si tu étais à notre place. Mais nous n'avons pas les mêmes soucis. *(Jean se relève brusquement.)* Qu'est-ce qu'il y a?

JEAN

Tant qu'ils ne l'auront pas ramenée, je ne pourrai pas tenir en place.

HENRI

Tu vois bien; tu remues, tu t'agites : tu es trop vivant.

JEAN

Je suis resté six mois sans lui dire que je l'aimais; la nuit quand je la prenais dans mes bras, j'éteignais la lumière. A présent elle est nue au milieu d'eux et ils promènent leurs mains sur son corps.

HENRI

Qu'est-ce que ça peut faire? L'important c'est de gagner.

JEAN

Gagner quoi?

HENRI

Gagner. Il y a deux équipes : l'une qui veut faire parler l'autre. *(Il rit.)* C'est idiot. Mais c'est tout ce qui nous reste. Si nous parlons, nous avons tout perdu. Ils ont marqué des points parce que j'ai crié, mais dans l'ensemble nous ne sommes pas mal placés.

JEAN

Gagnez, perdez, je m'en fous! C'est pour rire. Elle a honte pour de vrai; c'est pour de vrai qu'elle souffre.

HENRI

Et après? J'ai bien eu honte, moi, quand ils m'ont fait crier. Mais ça ne dure pas. Si elle se tait, leurs mains ne pourront pas la marquer. Ce sont de pauvres types, tu sais.

JEAN

Ce sont des hommes et elle est dans leurs bras.

HENRI

Ça va. Si tu veux savoir, je l'aime aussi, moi.

JEAN

Toi?

HENRI

Pourquoi pas? Et je n'avais pas tellement envie
de rire le soir quand vous montiez l'escalier tous les
deux; les lumières, tiens, je me suis souvent demandé
si tu les éteignais.

JEAN

Toi, tu l'aimes? Et tu peux rester tranquillement
assis?

HENRI

Sa souffrance nous rapproche. Le plaisir que tu
lui donnais nous séparait davantage. Aujourd'hui je
suis plus près d'elle que toi.

JEAN

Ce n'est pas vrai! Ce n'est pas vrai! Elle pense à
moi pendant qu'ils la torturent. Elle ne pense qu'à
moi. C'est pour ne pas me livrer qu'elle endure les
souffrances et la honte.

HENRI

Non, c'est pour gagner.

JEAN

Tu mens! *(Un temps.)* Elle a dit : quand je reviendrai, il n'y aura dans mes yeux que de l'amour.

Bruit de pas dans le couloir.

HENRI

Elle revient. Tu pourras lire dans ses yeux.

La porte s'ouvre : Henri se lève.

SCÈNE II

Jean et Henri la regardent en silence. Elle passe toute droite, sans les regarder et va s'asseoir sur le devant de la scène. Un temps.

LUCIE

François! *(François vient près d'elle et s'assied contre ses genoux.)* Ne me touche pas. Donne-moi le manteau de Sorbier. *(François ramasse le manteau.)* Mets-le sur mes épaules.

Elle s'enveloppe étroitement.

FRANÇOIS

Tu as froid?

LUCIE

Non. *(Un temps.)* Qu'est-ce qu'ils font? Ils me regardent? Pourquoi ne parlent-ils pas entre eux?

JEAN, *s'approchant par-derrière.*

Lucie!

CANORIS

Laisse-là!

JEAN

Lucie!

LUCIE, *doucement.*

Qu'est-ce que tu veux?

JEAN

Tu m'avais promis qu'il n'y aurait que de l'amour
dans tes yeux.

LUCIE

De l'amour?

Elle hausse les épaules tristement.

CANORIS, *qui s'est levé.*

Laisse; tu lui parleras tout à l'heure.

JEAN, *violemment.*

Fous-moi la paix. Elle est à moi. Vous m'avez
lâché, vous autres, et je n'ai rien à dire; mais vous
ne me la prendrez pas. *(A Lucie.)* Parle-moi. Tu
n'es pas comme eux? Ce n'est pas possible que tu
sois comme eux. Pourquoi ne me réponds-tu pas?
Est-ce que tu m'en veux?

LUCIE

Je ne t'en veux pas.

JEAN

Ma douce Lucie.

LUCIE

Je ne serai plus jamais douce, Jean.

JEAN

Tu ne m'aimes plus.

LUCIE

Je ne sais pas. *(Il fait un pas vers elle.)* Je t'en prie, ne me touche pas. *(Avec effort.)* Je pense que je dois t'aimer encore. Mais je ne sens plus mon amour. *(Avec fatigue.)* Je ne sens plus rien du tout.

CANORIS, *à Jean.*

Viens donc.

Il l'entraîne et l'oblige à s'asseoir près de lui.

LUCIE, *comme à elle-même.*

Tout ceci n'a pas grande importance. *(A François.)* Que font-ils?

FRANÇOIS

Ils se sont assis. Ils se tournent le dos.

LUCIE

Bien. *(Un temps.)* Dis-leur que je n'ai pas parlé.

CANORIS

Nous le savons, Lucie.

LUCIE

Bien.

Long silence, puis bruit de pas dans le couloir.

François se dresse en criant.

Qu'est-ce que tu as? Ah! oui, c'est ton tour.
Défends-toi bien : il faut qu'ils aient honte.

> *Les pas se rapprochent, puis s'éloignent.*

FRANÇOIS *s'abat sur les genoux de Lucie.*

Je ne peux plus le supporter! Je ne peux plus le
supporter!

LUCIE

Regarde-moi! *(Elle lui soulève la tête.)* Comme tu
as peur! Tu ne vas pas parler! Réponds!

FRANÇOIS

Je ne sais plus. Il me restait un peu de courage,
mais il n'aurait pas fallu que je te revoie. Tu es là,
avec tes cheveux défaits, ta blouse déchirée et je
sais qu'ils t'ont prise dans leurs bras.

LUCIE, *avec violence.*

Ils ne m'ont pas touchée. Personne ne m'a touchée. J'étais de pierre et je n'ai pas senti leurs
mains. Je les regardais de face et je pensais : il ne
se passe rien. *(Avec passion.)* Il ne s'est rien passé.
A la fin je leur faisais peur. *(Un temps.)* François,
si tu parles, ils m'auront violée pour de bon. Ils
diront : « Nous avons fini par les avoir! » Ils souri-
ront à leurs souvenirs. Ils diront : « Avec la môme
on a bien rigolé. » Il faut leur faire honte : si je
n'espérais pas les revoir, je me pendrais tout de suite
aux barreaux de cette lucarne. Te tairas-tu?

> *François hausse les épaules sans répondre. Un
> silence.*

HENRI, *à mi-voix*.

Eh bien, Jean, qui avait raison? Elle veut gagner; c'est tout.

JEAN

Tais-toi! Pourquoi veux-tu me la prendre? Tu es comblé; tu mourras dans la joie et l'orgueil. Moi je n'ai qu'elle et je vais vivre!

HENRI

Je ne veux rien et ce n'est pas moi qui te la prends.

JEAN

Va! Va! Continue. Tu as tous les droits, même celui de me torturer : tu as payé d'avance. *(Il se lève.)* Comme vous êtes sûrs de vous. Est-ce qu'il suffit de souffrir dans son corps pour avoir la conscience tranquille. *(Henri ne répond pas.)* Tu ne comprends donc pas que je suis plus malheureux que vous tous.

FRANÇOIS, *qui s'est brusquement redressé*.

Ha! Ha! Ha!

JEAN, *criant*.

Le plus malheureux! Le plus malheureux!

FRANÇOIS *bondit sur Jean*.

Regardez-le donc! Mais regardez-le donc! Le plus malheureux de nous tous. Il a dormi et mangé. Ses mains sont libres, il reverra le jour, il va vivre. Mais c'est le plus malheureux. Qu'est-ce que tu veux? Qu'on te plaigne? Salaud!

JEAN, *qui s'est croisé les bras.*

Bien.

FRANÇOIS

A tous les bruits je sursaute. Je ne peux plus ava-
ler ma salive, j'agonise. Mais le plus malheureux,
c'est lui, bien sûr : moi je mourrai dans la joie. *(Avec
éclat.)* Je te rendrai le bonheur, va!

LUCIE, *qui se lève brusquement.*

François!

FRANÇOIS

Je te dénoncerai! Je te dénoncerai! Je te ferai par-
tager nos joies!

JEAN, *d'une voix basse et rapide.*

Fais-le : tu ne peux pas savoir comme je le désire.

LUCIE, *prenant François par la nuque
et lui tournant la tête vers elle.*

Regarde-moi en face. Oseras-tu parler?

FRANÇOIS

Oser! Voilà de bien grands mots, je te dénoncerai,
voilà tout. Ce sera tellement simple : ils s'approche-
ront de moi, ma bouche s'ouvrira d'elle-même, le
nom sortira tout seul et je serai d'accord avec ma
bouche. Qu'y a-t-il à oser? Quand je vous vois pâles
et crispés, avec vos airs maniaques, votre mépris ne
me fait plus peur. *(Un temps.)* Je te sauverai, Lucie.
Ils nous laisseront la vie.

LUCIE

Je ne veux pas de cette vie.

FRANÇOIS

Et moi j'en veux. Je veux de n'importe quelle vie.
La honte ça passe quand la vie est longue.

CANORIS

Ils ne te feront pas grâce, François. Même si tu
parles.

FRANÇOIS, *désignant Jean.*

Au moins je le verrai souffrir.

HENRI *se lève et va vers Lucie.*

Tu crois qu'il parlera?

LUCIE *se tourne vers François et le dévisage.*

Oui.

HENRI

Tu en es sûre?

Ils se regardent.

LUCIE, *après une longue hésitation.*

Oui.

> *Henri marche vers François. Canoris se lève
> et vient se placer près d'Henri. Tous deux
> regardent François.*

HENRI

Je ne suis pas ton juge, François. Tu es un môme

et toute cette affaire était beaucoup trop dure pour toi. A ton âge, je pense que j'aurais parlé.

CANORIS

Tout est de notre faute. Nous n'aurions pas dû l'emmener avec nous : il y a des risques qu'on ne fait courir qu'à des hommes. Nous te demandons pardon.

FRANÇOIS, *reculant.*

Qu'est-ce que cela veut dire? Qu'est-ce que vous allez me faire?

HENRI

Il ne faut pas que tu parles, François. Ils te tueraient tout de même, tu sais. Et tu mourrais dans l'abjection.

FRANÇOIS, *effrayé.*

Eh bien, je ne parlerai pas. Je vous dis que je ne parlerai pas. Laissez-moi tranquille.

HENRI

Nous n'avons plus confiance. Ils savent que tu es notre point faible. Ils s'acharneront sur toi jusqu'à ce que tu manges le morceau. Notre jeu à nous, c'est de t'empêcher de parler.

JEAN

Est-ce que vous vous imaginez que je vais vous laisser faire? N'aie pas peur, petit. J'ai les mains libres et je suis avec toi.

LUCIE, *lui barrant le passage.*

De quoi te mêles-tu?

JEAN

C'est ton frère.

LUCIE

Après? Il devait mourir demain.

JEAN

Est-ce bien toi? Tu me fais peur.

LUCIE

Il faut qu'il se taise. Les moyens ne comptent pas.

FRANÇOIS

Vous n'allez pas... *(Ils ne répondent pas.)* Puisque je vous jure que je ne parlerai pas. *(Ils ne répondent pas.)* Lucie, au secours, empêche-les de me faire mal; je ne parlerai pas : je te le jure à toi, je ne parlerai pas.

JEAN, *se plaçant près de François.*

Vous ne le toucherez pas.

HENRI

Jean, quand les copains viendront-ils dans ce village?

JEAN

Mardi.

HENRI

Combien seront-ils?

JEAN

Soixante.

HENRI

Soixante qui t'ont fait confiance et qui vont crever mardi comme des rats. C'est eux ou c'est lui. Choisis.

JEAN

Vous n'avez pas le droit de me demander de choisir.

HENRI

Es-tu leur chef? Allons!

Jean hésite un instant, puis s'éloigne lentement. Henri s'approche de François.

FRANÇOIS *le regarde puis se met à crier.*

Lucie! Au secours! Je ne veux pas mourir ici, pas dans cette nuit. Henri, j'ai quinze ans, laisse-moi vivre. Ne me tue pas dans le noir. *(Henri le serre à la gorge.)* Lucie! *(Lucie détourne la tête.)* Je vous hais tous.

LUCIE

Mon petit, mon pauvre petit, mon seul amour, pardonne-nous. *(Elle se détourne. Un temps.)* Fais vite.

HENRI

Je ne peux pas. Ils m'ont à moitié brisé les poignets.

Un temps.

LUCIE

Est-ce fait?

HENRI

Il est mort.

> *Lucie se retourne et prend le corps de Fran-*
> *çois dans ses bras. La tête de François repose*
> *sur ses genoux. Un très long silence, puis Jean*
> *se met à parler à voix basse. Toute la conversa-*
> *tion qui suit aura lieu à voix basse.*

JEAN

Qu'est-ce que vous êtes devenus? Pourquoi n'êtes-vous pas morts avec les autres? Vous me faites horreur.

HENRI

Crois-tu que je m'aime?

JEAN

Ça va. Dans vingt-quatre heures tu seras débarrassé de toi-même. Moi je reverrai tous les jours ce môme qui demandait grâce et ta gueule à toi, quand tes mains lui serraient le cou. *(Il va vers François et le regarde.)* Quinze ans! Il est mort dans la rage et la peur. *(Il revient vers Henri.)* Il t'aimait, il s'endormait la tête sur ton épaule : il te disait : « Je dors mieux quand tu es là. » *(Un temps.)* Salaud!

HENRI, *à Canoris et à Lucie.*

Mais parlez donc, vous autres, ne me laissez pas

seul. Lucie! Canoris! Vous l'avez tué avec mes mains!
(Pas de réponse. Il se tourne vers Jean.) Et toi, dis
donc, toi qui me juges, qu'est-ce que tu as fait pour
le défendre?

JEAN, *avec violence.*

Qu'est-ce que je pouvais faire? Qu'est-ce que vous
m'auriez laissé faire?

HENRI

Tu avais les mains libres, il fallait frapper. *(Pas-
sionnément.)* Si tu avais frappé... si tu avais cogné
jusqu'à ce que je tombe...

JEAN

Les mains libres? Vous m'avez garrotté. Si je dis
un mot, si je fais un geste : « Et les copains? » Vous
m'avez exclu, vous avez décidé de ma vie comme
de ma mort : froidement. Ne venez pas dire à présent
que je suis votre complice, ce serait trop commode.
Votre témoin, c'est tout. Et je témoigne que vous
êtes des assassins. *(Un temps.)* Tu l'as tué par
orgueil.

HENRI

Tu mens.

JEAN

Par orgueil! Ils t'ont fait crier, hein? Et tu as
honte. Tu veux les éblouir, pour te racheter; tu veux
t'offrir une belle mort? Ce n'est pas vrai? Tu veux
gagner, tu nous l'as dit. Tu nous as dit que tu voulais
gagner.

HENRI

Ce n'est pas vrai! Ce n'est pas vrai! Lucie, dis-lui
que ce n'est pas vrai! *(Lucie ne répond pas, il fait un
pas vers elle.)* Réponds; est-ce que tu crois que je
l'ai tué par orgueil?

LUCIE

Je ne sais pas. *(Un temps, puis péniblement.)* Il ne
fallait pas qu'il parle.

HENRI

Est-ce que tu me hais? C'était ton frère : toi seule
as le droit de me condamner.

LUCIE

Je ne te hais pas. *(Il s'approche du corps qu'elle
tient dans ses bras. Vivement.)* Ne le touche pas.

> *Henri se détourne lentement et remonte vers
> Canoris.*

HENRI

Canoris! Tu n'as pas crié, toi : pourtant tu voulais
qu'il meure. Est-ce que nous l'avons tué par orgueil?

CANORIS

Je n'ai pas d'orgueil.

HENRI

Mais moi, j'en ai! C'est vrai que j'en ai. Est-ce
que je l'ai tué par orgueil?

CANORIS

Tu dois le savoir.

HENRI

Je... Non, je ne sais plus. Tout s'est passé trop vite et maintenant il est mort. *(Brusquement.)* Ne m'abandonnez pas! vous n'avez pas le droit de m'abandonner. Quand j'avais mes mains autour de son cou, il me semblait que c'étaient nos mains et que nous étions plusieurs à serrer, autrement je n'aurais jamais pu...

CANORIS

Il fallait qu'il meure : s'il avait été plus près de moi, c'est moi qui aurais serré. Quant à ce qui s'est passé dans ta tête...

HENRI

Eh bien?

CANORIS

Ça ne compte pas. Rien ne compte entre ces quatre murs. Il fallait qu'il meure : c'est tout.

HENRI

Ça va. *(Il s'approche du corps. A Lucie.)* N'aie pas peur, je ne le toucherai pas. *(Il se penche sur lui et le regarde longuement, puis il se redresse.)* Jean, quand nous avons lancé notre première grenade, combien d'otages ont été fusillés? *(Jean ne répond pas.)* Douze. Il y avait un gosse dans le lot; il s'appelait Destaches. Tu te rappelles : nous avons vu les affiches dans la rue des Minimes. Charbonnel voulait se dénoncer et tu l'en as empêché.

JEAN

Après?

HENRI

T'es-tu demandé pourquoi tu l'en as empêché?

JEAN

Ce n'est pas pareil.

HENRI

Peut-être. Tant mieux pour toi si tes motifs étaient plus clairs : tu as pu garder une bonne conscience. Mais Destaches est mort tout de même. Je n'aurai plus jamais une bonne conscience, plus jamais jusqu'à ce qu'ils me collent contre un mur avec un bandeau sur les yeux. Mais pourquoi voudrais-je en avoir une? Il fallait que le gosse meure.

JEAN

Je ne voudrais pas être à ta place.

HENRI, *doucement.*

Tu n'es pas dans le coup, Jean; tu ne peux ni comprendre ni juger.

> *Un long silence, puis la voix de Lucie. Elle caresse les cheveux de François sans le regarder. Pour la première fois depuis le début de la scène elle parle à haute voix.*

LUCIE

Tu es mort et mes yeux sont secs; pardonne-moi : je n'ai plus de larmes et la mort n'a plus d'importance. Dehors ils sont trois cents, couchés dans les herbes, et moi aussi, demain, je serai froide et nue, sans même une main pour caresser mes cheveux. Il

n'y a rien à regretter, tu sais : la vie non plus n'a
pas beaucoup d'importance. Adieu, tu as fait ce que
tu as pu. Si tu t'es arrêté en route, c'est que tu
n'avais pas encore assez de forces. Personne n'a le
droit de te blâmer.

JEAN

Personne. *(Un long silence. Il vient s'asseoir près
de Lucie.)* Lucie! *(Elle fait un geste.)* Ne me chasse
pas, je voudrais t'aider.

LUCIE, *étonnée.*

M'aider à quoi? Je n'ai pas besoin d'aide.

JEAN

Si. Je crois que si : j'ai peur que tu ne te brises.

LUCIE

Je tiendrai bien jusqu'à demain soir.

JEAN

Tu es trop tendue, tu ne tiendras pas. Ton courage t'abandonnera tout d'un coup.

LUCIE

Pourquoi t'inquiètes-tu de moi? *(Elle le regarde.)*
Tu as de la peine. Bon, je vais te rassurer et puis tu
t'en iras. Tout est devenu très simple depuis que le
petit est mort; je n'ai plus à m'occuper que de moi.
Et je n'ai pas besoin de courage pour mourir, tu
sais : de toute façon tu penses bien que je n'aurais
pas pu lui survivre longtemps. A présent, va-t'en :

je te dirai adieu tout à l'heure quand ils viendront
me chercher.

JEAN

Laisse-moi rester près de toi : je me tairai si tu
veux, mais je serai là et tu ne te sentiras pas seule.

LUCIE

Pas seule? Avec toi? Oh! Jean, tu n'as donc pas
compris? Nous n'avons plus rien de commun.

JEAN

As-tu oublié que je t'aime?

LUCIE

C'est une autre que tu aimais.

JEAN

C'est toi.

LUCIE

Je suis une autre. Je ne me reconnais pas moi-
même. Il y a quelque chose qui a dû se bloquer dans
ma tête.

JEAN

Peut-être. Peut-être que tu es une autre. En ce
cas c'est cette autre que j'aime et, demain, j'aimerai
cette morte que tu seras. C'est toi que j'aime, Lucie,
toi, heureuse ou malheureuse, vivante ou morte,
c'est toi.

LUCIE

Bon. Tu m'aimes. Et puis?

JEAN

Tu m'aimais aussi.

LUCIE

Oui. Et j'aimais mon frère que j'ai laissé tuer.
Notre amour est si loin, pourquoi viens-tu m'en
parler? Il n'avait vraiment aucune importance.

JEAN

Tu mens! Tu sais bien que tu mens. Il était notre
vie, rien de plus et rien de moins que notre vie. Tout
ce que nous avons vécu, nous l'avons vécu à deux.

LUCIE

Notre vie, oui. Notre avenir. Je vivais dans l'attente, je t'aimais dans l'attente. J'attendais la fin
de la guerre, j'attendais le jour où nous pourrions
nous marier aux yeux de tous, je t'attendais chaque
soir : je n'ai plus d'avenir, je n'attends plus que ma
mort et je mourrai seule. *(Un temps.)* Laisse-moi.
Nous n'avons rien à nous dire; je ne souffre pas et
je n'ai pas besoin de consolation.

JEAN

Crois-tu que j'essaie de te consoler? Je vois tes
yeux secs et je sais que ton cœur est un enfer; pas
une trace de souffrance, pas même l'eau d'une larme,
tout est rougi à blanc. Comme tu dois souffrir de ne
pas souffrir. Ah! j'ai pensé cent fois à la torture, j'ai
tout ressenti par avance mais je n'imaginais pas
qu'elle pouvait faire cette horrible souffrance d'orgueil. Lucie, je voudrais te rendre un peu de pitié

pour toi-même. Si tu pouvais laisser aller cette tête
raidie, si tu pouvais l'abandonner sur mon épaule.
Mais réponds-moi! Regarde-moi!

LUCIE

Ne me touche pas.

JEAN

Lucie, tu as beau faire; nous sommes rivés
ensemble. Tout ce qu'ils t'ont fait, c'est à nous deux
qu'ils l'ont fait; cette souffrance qui te fuit, elle est à
moi; elle t'attend, si tu viens dans mes bras, elle
deviendra *notre* souffrance. Mon amour, fais-moi
confiance et nous pourrons encore dire *nous*, nous
serons un couple, nous porterons tout ensemble,
même ta mort. Si tu pouvais retrouver une larme...

LUCIE, *avec violence.*

Une larme? Je souhaite seulement qu'ils reviennent
me chercher et qu'ils me battent pour que je puisse
me taire encore et me moquer d'eux et leur faire
peur. Tout est fade ici : l'attente, ton amour, le
poids de cette tête sur mes genoux. Je voudrais que
la douleur me dévore, je voudrais brûler, me taire
et voir leurs yeux aux aguets.

JEAN, *accablé.*

Tu n'es plus qu'un désert d'orgueil.

LUCIE

Est-ce ma faute? C'est dans mon orgueil qu'ils
m'ont frappée. Je les hais mais ils me tiennent. Et je
les tiens aussi. Je me sens plus proche d'eux que de

toi. *(Elle rit.)* Nous! Tu veux que je dise : nous!
As-tu les poignets écrasés comme Henri? As-tu des
plaies aux jambes comme Canoris? Allons, c'est
une comédie : tu n'as rien ressenti, tu imagines tout.

JEAN

Les poignets écrasés... Ha! Si vous ne demandez
que cela pour qu'on soit des vôtres, ce sera bientôt
fait.

> *Il cherche autour de lui, avise un lourd chenet
> et s'en empare. Lucie éclate de rire.*

LUCIE

Qu'est-ce que tu fais?

> JEAN, *étalant sa main gauche sur le plancher,
> la frappe avec le chenet
> qu'il tient de la main droite.*

J'en ai assez de vous entendre vanter vos douleurs
comme si c'étaient des mérites. J'en ai assez de vous
regarder avec des yeux de pauvre. Ce qu'ils vous ont
fait, je peux me le faire : c'est à la portée de tous.

LUCIE, *riant.*

Raté, c'est raté. Tu peux te casser les os, tu peux
te crever les yeux : c'est toi, c'est toi qui décides
de ta douleur. Chacune des nôtres est un viol parce
que ce sont d'autres hommes qui nous les ont infli-
gées. Tu ne nous rattraperas pas.

> *Un temps. Jean jette le chenet et la regarde.
> Puis il se lève.*

JEAN

Tu as raison; je ne peux pas vous rejoindre : vous êtes ensemble et je suis seul. Je ne bougerai plus, je ne vous parlerai plus, j'irai me cacher dans l'ombre et vous oublierez que j'existe. Je suppose que c'est mon lot dans cette histoire et que je dois l'accepter comme vous acceptez le vôtre. *(Un temps.)* Tout à l'heure une idée m'est venue : Pierre a été tué près de la grotte de Servaz où nous avions des armes. S'ils me lâchent, j'irai chercher son corps, je mettrai quelques papiers dans sa veste et je le traînerai dans la grotte. Comptez quatre heures après mon départ et quand ils recommenceront l'interrogatoire, révélez-leur cette cachette. Ils trouveront Pierre et croiront que c'est moi. Alors je pense qu'ils n'auront plus de raison de vous torturer et qu'ils en finiront vite avec vous. C'est tout. Adieu.

> *Il va au fond. Long silence. Puis des pas dans le couloir. Un milicien apparaît avec une lanterne; autour de la pièce, il promène la lanterne.*

LE MILICIEN, *apercevant François.*

Qu'est-ce qu'il a?

LUCIE

Il dort.

LE MILICIEN, *à Jean.*

Viens, toi. Il y a du nouveau pour toi.

> *Jean hésite, regarde tous les personnages avec une sorte de désespoir et suit le milicien. La porte se referme.*

SCÈNE III

CANORIS, HENRI, LUCIE.

LUCIE

Il est tiré d'affaire, n'est-ce pas?

CANORIS

Je le crois.

LUCIE

Très bien. Voilà un souci de moins. Il va retrouver
ses pareils et tout sera pour le mieux. Venez près de
moi. *(Henri et Canoris se rapprochent.)* Plus près : à
présent, nous sommes entre nous. Qu'est-ce qui vous
arrête? *(Elle les regarde et comprend.)* Ah! *(Un
temps.)* Il devait mourir; vous savez bien qu'il
devait mourir. Ce sont ceux d'en bas qui l'ont tué
par nos mains. Venez, je suis sa sœur et je vous dis
que vous n'êtes pas coupables. Étendez vos mains
sur lui : depuis qu'il est mort, il est des nôtres.
Voyez comme il a l'air dur. Il ferme sa bouche sur
un secret. Touchez-le.

HENRI, *caressant les cheveux de François.*

Mon petit! Mon pauvre petit!

LUCIE

Ils t'ont fait crier, Henri, je t'ai entendu. Tu dois
avoir honte.

HENRI

Oui.

LUCIE

Je sens ta honte avec ta chaleur. C'est ma honte.
Je lui disais que j'étais seule et je lui mentais. Avec
vous, je ne me sens pas seule. *(A Canoris.)* Tu n'as
pas crié, toi : c'est dommage.

CANORIS

J'ai honte aussi.

LUCIE

Tiens! Pourquoi?

CANORIS

Quand Henri a crié, j'ai eu honte.

LUCIE

C'est bien. Serrez-vous contre moi. Je sens vos
bras et vos épaules, le petit pèse lourd, sur mes
genoux. C'est bien. Demain je me tairai. Ah! comme
je vais me taire. Pour lui, pour moi, pour Sorbier,
pour vous. Nous ne faisons qu'un.

RIDEAU

QUATRIÈME TABLEAU

*Avant le lever du rideau, une voix monstrueuse et
vulgaire chante : « Si tous les cocus avaient des clochettes. » Le rideau se lève sur la salle de classe. C'est
le lendemain matin. Pellerin boit, assis sur un banc,
il a l'air éreinté. A la chaire, Landrieu boit; il est à
moitié soûl. Clochet est debout près de la fenêtre. Il
bâille; de temps à autre Landrieu éclate de rire.*

SCÈNE I

PELLERIN, LANDRIEU, CLOCHET.

PELLERIN

Pourquoi ris-tu?

LANDRIEU, *mettant sa main en cornet,
devant son oreille.*

Quoi?

PELLERIN

Je te demande pourquoi tu ris.

LANDRIEU, *désignant le pick-up et criant.*

A cause de ça.

PELLERIN

Hé?

LANDRIEU

Oui, je trouve ça marrant comme idée.

PELLERIN

Quelle idée?

LANDRIEU

Mettre des clochettes aux cocus.

PELLERIN

Oh! Merde! J'entends rien.

Il va à l'appareil.

LANDRIEU, *criant.*

N'éteins pas. *(Pellerin tourne le bouton. Silence.)*
Tu vois, tu vois.

PELLERIN, *interdit.*

Qu'est-ce que je vois?

LANDRIEU

Le froid.

PELLERIN

Tu as froid au mois de juillet?

LANDRIEU

Je te dis qu'il fait froid; tu ne comprends rien.

PELLERIN

Qu'est-ce que tu me disais?

LANDRIEU

Quoi?

PELLERIN

A propos de cocus.

LANDRIEU

Qui te parle de cocus? Cocu toi-même. *(Un temps.)*
Je vais chercher les informations.

Il se lève et va au poste de T.S.F.

CLOCHET

Il n'y en a pas.

LANDRIEU

Pas d'informations?

CLOCHET

Ce n'est pas l'heure.

LANDRIEU

C'est ce que nous allons voir!

Il empoigne le bouton. Musique, brouillage.

PELLERIN

Tu nous casses les oreilles.

LANDRIEU, *s'adressant au poste.*

Salaud! *(Un temps.)* Je m'en fous, j'écouterai la B.B.C.; quelle longueur d'onde?

PELLERIN

Vingt et un mètres.

Landrieu manœuvre le bouton : discours en tchèque. Landrieu se met à rire.

LANDRIEU, *riant.*

C'est du tchèque, tu te rends compte; en ce moment, il y a un Tchèque qui parle à Londres. C'est grand le monde. *(Il secoue l'appareil.)* Tu ne peux pas causer français? *(Il éteint le poste.)* Donne-moi à boire. *(Pellerin lui verse un verre de vin. Il va à lui et boit.)* Qu'est-ce que nous foutons ici?

PELLERIN

Ici ou ailleurs...

LANDRIEU

Je voudrais être au baroud...

PELLERIN

Hum!

LANDRIEU

Parfaitement, je voudrais y être. *(Il le saisit par*

les bras de sa veste.) Ne viens pas me dire que j'ai peur de mourir.

PELLERIN

Je ne dis rien.

LANDRIEU

Qu'est-ce que c'est, la mort? Hein? Qu'est-ce que c'est? D'abord faut qu'on y passe, demain, après-demain, ou dans trois mois.

CLOCHET, *vivement.*

Ce n'est pas vrai! Ce n'est pas vrai. Les Anglais seront rejetés à la mer.

LANDRIEU

A la mer? Tu les auras au cul, les Anglais. Ici dans ce village. Et ce sera le grand boum-boum, le zim-ba-da-boum, pan sur l'église, pan sur la mairie. Qu'est-ce que tu feras, Clochet? Tu seras dans la cave! Ha! Ha! dans la cave! on rigolera bien! *(A Pellerin.)* Une fois qu'on est mort... j'ai perdu mon idée. Tiens, les petits malins d'en haut, on va les abattre, eh bien, ça ne me fait ni chaud, ni froid. Chacun son tour. Voilà ce que je me dis. Aujourd'hui le leur. Demain le mien. Est-ce que ce n'est pas régulier? Je suis régulier, moi. *(Il boit.)* On est des bêtes. *(A Clochet.)* Pourquoi bâilles-tu?

CLOCHET

Je m'ennuie.

LANDRIEU

Tu n'as qu'à boire. Est-ce que je m'ennuie? Tu

préfères nous épier, tu rédiges ton rapport dans la
tête. *(Il verse un verre de vin et le tend à Clochet.)*
Bois, allons, bois!

CLOCHET

Je ne peux pas, j'ai mal au foie.

LANDRIEU

Tu boiras ce verre ou tu le recevras dans la figure.
*(Un temps. Clochet avance la main, prend le verre et
boit.)* Ha! ha! des bêtes, tous des bêtes, et c'est très
bien comme ça. *(On entend des pas; quelqu'un marche
au grenier. Ils lèvent tous trois les yeux. Ils écoutent
en silence puis brusquement Landrieu se détourne,
court à la porte, l'ouvre et appelle.)* Corbier! Corbier!
(Un milicien paraît.) Va les faire taire. Cogne dedans.
*(Le milicien sort, Landrieu referme la porte et revient
vers les autres; tous trois ont le nez en l'air et écoutent.
Un silence.)* Il faudra revoir leurs gueules. Sale
journée.

PELLERIN

Vous avez besoin de moi pour les interroger?

LANDRIEU

Comment?

PELLERIN

Je pensais que le chef se cache peut-être en forêt.
Je pourrais prendre vingt hommes et faire une battue.

LANDRIEU, *le regardant.*

Ah? *(Un temps. On entend toujours marcher.)* Tu
resteras ici.

PELLERIN

Bon. *(Il hausse les épaules.)* Nous perdrons notre temps.

LANDRIEU

Ça se peut, mais nous le perdrons ensemble.

Ils regardent au plafond malgré eux et échangent les répliques qui suivent, la tête levée, jusqu'à ce que le bruit cesse.

CLOCHET

Il est temps de faire descendre le môme.

LANDRIEU

Le môme, je m'en fous. C'est le type que je veux faire parler.

PELLERIN

Ils ne parleront pas.

LANDRIEU

Je te dis qu'ils parleront. Ce sont des bêtes, il faut savoir les prendre. Ha! nous n'avons pas cogné assez fort. *(Bousculade au grenier, puis silence. Landrieu, satisfait.)* Qu'est-ce que tu en dis? Les voilà calmés. Rien ne vaut la manière forte.

Visiblement, ils sont soulagés.

CLOCHET

Tu devrais tout de même commencer par le petit.

LANDRIEU

D'accord. *(Il va à la porte.)* Corbier! *(Pas de*

réponse.) Corbier! *(Des pas précipités dans le couloir. Corbier paraît.)* Va chercher le môme.

CORBIER

Le môme? Ils l'ont buté.

LANDRIEU

Quoi?

CORBIER

Ils l'ont buté pendant la nuit. Je l'ai trouvé, la tête sur les genoux de sa sœur. Elle disait qu'il dormait; il est déjà froid, avec des traces de doigts sur le cou.

LANDRIEU

Ah? *(Un temps.)* Qui est-ce qui marchait?

CORBIER

Le Grec.

LANDRIEU

Bon. Tu peux t'en aller.

> *Corbier s'en va. Silence. Clochet lève malgré lui la tête vers le plafond.*

PELLERIN, *explosant.*

Douze balles dans la peau, tout de suite. Qu'on ne le revoie plus.

LANDRIEU

Tais-toi! *(Il va à la radio et tourne le bouton. Valse lente. Puis il revient à la chaire, se verse à boire. Au moment où il repose son verre, il voit le portrait de Pétain.)* Tu vois ça, tu vois ça, mais tu t'en laves les mains. Tu te sacrifies; tu te donnes à la France, les petits détails tu t'en fous. Tu es entré dans l'histoire, toi. Et nous, nous sommes dans la merde. Saloperie!

> *Il lui jette son verre de vin à la figure.*

CLOCHET

Landrieu!

LANDRIEU

Mets ça dans ton rapport. *(Un temps. Il s'est calmé avec effort. Il revient vers Pellerin.)* Douze balles dans la peau, ce serait trop facile. C'est ce qu'ils souhaitent, comprends-tu?

PELLERIN

Tant mieux pour eux, si c'est ce qu'ils souhaitent. Mais qu'on en finisse, et qu'on ne les revoie plus.

LANDRIEU

Je ne veux pas qu'ils crèvent sans avoir parlé.

PELLERIN

Ils n'ont plus rien à nous dire. Depuis vingt-quatre heures qu'ils sont là, leur chef a eu tout le temps de se tailler.

LANDRIEU

Je me fous de leur chef, je veux qu'ils parlent.

PELLERIN

Et s'ils ne parlent pas?

LANDRIEU

Ne te casse pas la tête.

PELLERIN

Mais tout de même, s'ils ne parlent pas.

LANDRIEU, *criant.*

Je te dis de ne pas te casser la tête.

PELLERIN

Eh bien, fais-les chercher.

LANDRIEU

Naturellement, je vais les faire chercher.

> *Il ne bouge pas. Clochet se met à rire.*

CLOCHET

Si c'étaient des martyrs, hein?

> *Landrieu va brusquement à la porte.*

LANDRIEU

Amène-les.

CORBIER, *paraissant.*

Tous les trois?

LANDRIEU

Oui! Tous les trois.

> *Corbier sort.*

PELLERIN

La fille, tu aurais pu la laisser en haut.

> *Bruit de pas par-dessus leur tête.*

LANDRIEU

Ils descendent. *(Il va à la radio et l'arrête.)* S'ils donnent leur chef, je leur laisse la vie sauve.

CLOCHET

Landrieu, tu es fou!

LANDRIEU

Ta gueule!

CLOCHET

Ils méritent dix fois la mort.

LANDRIEU

Je me fous de ce qu'ils méritent. Je veux qu'ils cèdent. Ils ne me feront pas le coup du martyre.

PELLERIN

Je... écoute, je ne pourrais pas le supporter. Si je devais penser qu'ils vivront, qu'ils nous survivront peut-être et que nous serons toute leur vie ce souvenir dans leur tête...

LANDRIEU

Tu n'as pas besoin de t'en faire. S'ils parlent pour sauver leur vie, ils éviteront de se rappeler ce genre de souvenir. Les voilà.

Pellerin se lève brusquement et fait disparaître sous la chaise les bouteilles et les verres. Ils attendent tous trois, immobiles et debout.

Ils se regardent en silence.

LANDRIEU

Le petit qui était avec vous, qu'en avez-vous fait?

Ils ne répondent pas.

PELLERIN

Assassins!

LANDRIEU

Tais-toi. *(Aux autres.)* Il voulait parler, hein?
Et vous, vous avez voulu l'en empêcher.

LUCIE, *violemment.*

Ce n'est pas vrai. Il ne voulait pas parler. Personne ne voulait parler.

LANDRIEU

Alors?

HENRI

Il était trop jeune. Ça ne valait pas la peine de le laisser souffrir.

LANDRIEU

Qui de vous l'a étranglé?

CANORIS

Nous avons décidé ensemble et nous sommes tous responsables.

LANDRIEU

Bien. *(Un temps.)* Si vous donnez les renseignements qu'on vous demande, vous avez la vie sauve.

CLOCHET

Landrieu!

LANDRIEU

Je vous ai dit de vous taire. *(Aux autres.)* Acceptez-vous? *(Un temps.)* Alors? C'est oui ou c'est non. *(Ils gardent le silence. Landrieu est décontenancé.)* Vous refusez? Vous donnez trois vies pour en sauver une? Quelle absurdité. *(Un temps.)* C'est la vie que je vous propose! La vie! La vie! Êtes-vous sourds?

Un silence, puis Lucie s'avance vers eux.

LUCIE

Gagné! Nous avons gagné! Ce moment-ci nous paye de bien des choses. Tout ce que j'ai voulu oublier cette nuit, je suis fière de m'en souvenir. Ils m'ont arraché ma robe. *(Montrant Clochet.)*

Celui-ci pesait sur mes jambes. *(Montrant Landrieu.)*
Celui-ci me tenait les bras. *(Montrant Pellerin.)* Et
celui-ci m'a prise de force. Je peux le dire, à présent,
je peux le crier : vous m'avez violée et vous en avez
honte. Je suis lavée. Où sont vos pinces et vos
tenailles? Où sont vos fouets? Ce matin vous nous
suppliez de vivre. Et c'est non. Non! Il faut que vous
finissiez votre affaire.

PELLERIN

Assez! Assez! Cognez dessus!

LANDRIEU

Arrêtez! Pellerin, je ne serai peut-être plus longtemps votre chef, mais tant que je commanderai,
on ne discutera pas mes ordres. Emmenez-les.

CLOCHET

On ne les travaille pas un petit peu tout de même?
Parce qu'enfin tout ça ce sont des mots. Rien que
des mots. Du vent. *(Désignant Henri.)* Ce type-là
nous est arrivé tout faraud hier et nous l'avons fait
crier comme une femme.

HENRI

Vous verrez si vous me faites crier aujourd'hui.

LANDRIEU

Travaille-les si tu en as le courage.

CLOCHET

Oh moi! tu sais, même si c'étaient des martyrs, ça

ne me gênerait pas. J'aime le travail pour lui-même.
(Aux miliciens.) Conduisez-les sur les tables.

CANORIS

Un moment. Si nous acceptons, qu'est-ce qui nous
prouve que vous nous laisserez la vie.

LANDRIEU

Vous avez ma parole.

CANORIS

Oui. Enfin, il faudra s'en contenter. C'est pile
ou face. Que ferez-vous de nous?

LANDRIEU

Je vous remettrai aux autorités allemandes.

CANORIS

Qui nous fusilleront.

LANDRIEU

Non. Je leur expliquerai votre cas.

CANORIS

Bien. *(Un temps.)* Je suis disposé à parler si mes
camarades le permettent.

HENRI

Canoris!

CANORIS

Puis-je rester seul avec eux? Je crois que je pourrai
les convaincre.

LANDRIEU, *le dévisageant.*

Pourquoi veux-tu parler? Tu as peur de mourir?

Un long silence, puis Canoris baisse la tête.

CANORIS

Oui.

LUCIE

Lâche!

LANDRIEU

Bon. *(Aux miliciens.)* Toi, mets-toi devant la fenêtre. Et toi, garde la porte. Venez, vous autres. Tu as un quart d'heure pour les décider.

Landrieu, Pellerin et Clochet sortent par la porte du fond.

SCÈNE III

CANORIS, LUCIE, HENRI.

Pendant toute la première partie de la scène, Lucie demeure silencieuse et paraît ne pas s'intéresser au débat.

CANORIS *va jusqu'à la fenêtre et revient.*
Il revient vers eux et, d'une voix vive et basse.

Le soleil se couche. Il va pleuvoir.

Êtes-vous fous? Vous me regardez comme s'il s'agissait de livrer notre chef. Je veux simplement les envoyer à la grotte de Servaz, comme Jean nous l'a conseillé. *(Un temps. Il sourit.)* Ils nous ont un peu abîmés, mais nous sommes encore parfaitement utilisables. *(Un temps.)* Allons! il faut parler : On ne peut pas gaspiller trois vies. *(Un temps. Doucement.)* Pourquoi voulez-vous mourir? A quoi cela sert-il? Mais répondez! A quoi cela sert-il?

HENRI

A rien.

CANORIS

Alors?

HENRI

Je suis fatigué.

CANORIS

Je le suis encore davantage. J'ai quinze ans de plus que toi et ils m'ont travaillé plus dur. La vie qu'ils me laisseront n'a rien de bien enviable.

HENRI, *doucement*.

Est-ce que tu as une telle peur de la mort?

CANORIS

Je n'ai pas peur. Je leur ai menti tout à l'heure et je n'ai pas peur. Mais nous n'avons pas le droit de mourir pour rien.

HENRI

Ah! pourquoi pas? Pourquoi pas? Ils m'ont brisé les poignets, ils m'ont arraché la peau : est-ce que je n'ai pas payé? Nous avons gagné. Pourquoi veux-tu que je recommence à vivre quand je peux mourir avec moi-même?

CANORIS

Il y a des copains à aider.

HENRI

Quels copains? Où?

CANORIS

Partout.

HENRI

Tu parles! S'ils nous font grâce, ils nous enverront dans les mines de sel.

CANORIS

Eh bien, on s'évade.

HENRI

Toi, tu t'évaderas? Tu n'es plus qu'une loque.

CANORIS

Si ce n'est pas moi, ce sera toi.

HENRI

Une chance sur cent.

CANORIS

Ça vaut qu'on prenne le risque. Et même si on ne s'évade pas, il y a d'autres hommes dans les mines : des vieux qui sont malades, des femmes qui ne tiennent pas le coup. Ils ont besoin de nous.

HENRI

Écoute, quand j'ai vu le petit par terre, tout blanc, j'ai pensé : ça va, j'ai fait ce que j'ai fait et je ne regrette rien. Seulement, bien sûr, c'était dans la supposition que j'allais mourir à l'aube. Si je n'avais pas pensé qu'on serait six heures plus tard sur le même tas de fumier... *(Criant.)* Je ne veux pas lui survivre. Je ne veux pas survivre trente ans à ce môme. Canoris, ce sera si facile : nous n'aurons même pas le temps de regarder les canons de leurs fusils.

CANORIS

Nous n'avons pas le droit de mourir pour rien.

HENRI

Est-ce que ça garde un sens de vivre quand il y a des hommes qui vous tapent dessus jusqu'à vous casser les os? Tout est noir. *(Il regarde par la fenêtre.)* Tu as raison, la pluie va tomber.

CANORIS

Le ciel s'est entièrement couvert. Ce sera une bonne averse.

HENRI, *brusquement.*

C'était par orgueil.

CANORIS

Quoi?

HENRI

Le petit. Je crois que je l'ai tué par orgueil.

CANORIS

Qu'est-ce que ça peut faire : il fallait qu'il meure.

HENRI

Je traînerai ce doute comme un boulet. A toutes les minutes de ma vie, je m'interrogerai sur moi-même. *(Temps.)* Je ne peux pas! Je ne peux pas vivre.

CANORIS

Que d'histoires! Tu auras assez à faire avec les

autres, va; tu t'oublieras... tu t'occupes trop de toi,
Henri; tu veux sauver ta vie... Bah! Il faut travailler;
on se sauve par-dessus le marché. *(Un temps.)*
Écoute, Henri : si tu meurs aujourd'hui, on tire le
trait : tu l'as tué par orgueil, c'est fixé, pour toujours.
Si tu vis...

HENRI

Eh bien?

CANORIS

Alors rien n'est arrêté : c'est sur ta vie entière
qu'on jugera chacun de tes actes. *(Un temps.)* Si tu
te laisses tuer quand tu peux travailler encore, il n'y
aura rien de plus absurde que ta mort. *(Un temps.)*
Je les appelle?

HENRI, désignant Lucie.

Qu'elle décide.

CANORIS

Tu entends, Lucie?

LUCIE

Décider quoi? Ah oui : Eh bien c'est tout décidé :
dis-leur que nous ne parlerons pas et qu'ils fassent
vite.

CANORIS

Et les copains, Lucie?

LUCIE

Je n'ai plus de copains. *(Elle va vers les miliciens.)*
Allez les chercher : nous ne parlerons pas.

CANORIS, *la suivant, aux miliciens.*

Il reste cinq minutes. Attendez.

> *Il la ramène sur le devant de la scène.*

LUCIE

Cinq minutes; oui. Et qu'espères-tu? Me convaincre en cinq minutes?

CANORIS

Oui.

LUCIE

Cœur pur! Tu peux bien vivre, toi, tu as la conscience tranquille, ils t'ont un peu bousculé, voilà tout. Moi, ils m'ont avilie, il n'y a pas un pouce de ma peau qui ne me fasse horreur. *(A Henri.)* Et toi, qui fais des manières parce que tu as étranglé un môme, te rappelles-tu que ce môme était mon frère et que je n'ai rien dit? J'ai pris tout le mal sur moi; il faut qu'on me supprime et tout ce mal avec.

Allez-vous-en! Allez vivre, puisque vous pouvez vous accepter. Moi, je me hais et je souhaite qu'après ma mort tout soit sur terre comme si je n'avais jamais existé.

HENRI

Je ne te quitterai pas, Lucie, et je ferai ce que tu auras décidé.

> *Un temps.*

CANORIS

Il faut donc que je vous sauve malgré vous.

LUCIE

Tu parleras?

CANORIS

Il le faut.

LUCIE, *violemment.*

Je leur dirai que tu mens et que tu as tout inventé.
(Un temps.) Si j'avais su que tu allais manger le
morceau, crois-tu que je vous aurais laissé toucher
à mon frère.

CANORIS

Ton frère voulait livrer notre chef et moi je veux
les lancer sur une fausse piste.

LUCIE

C'est la même chose. Il y aura le même triomphe
dans leurs yeux.

CANORIS

Lucie! C'est donc par orgueil que tu as laissé mourir François?

LUCIE

Tu perds ton temps. A moi, tu n'arriveras pas à
donner des remords.

UN MILICIEN

Il reste deux minutes.

CANORIS

Henri!

HENRI

Je ferai ce qu'elle aura décidé.

CANORIS, *à Lucie.*

Pourquoi te soucies-tu de ces hommes. Dans six mois ils se terreront dans une cave et la première grenade qu'on jettera sur eux par un soupirail mettra le point final à toute cette histoire. C'est tout le reste qui compte. Le monde et ce que tu fais dans le monde, les copains et ce que tu fais pour eux.

LUCIE

Je suis sèche, je me sens seule, je ne peux penser qu'à moi.

CANORIS, *doucement.*

Est-ce que tu ne regrettes vraiment rien sur terre?

LUCIE

Rien. Tout est empoisonné.

CANORIS

Alors...

Geste résigné. Il fait un pas vers les miliciens. La pluie se met à tomber; par gouttes légères et espacées d'abord puis par grosses gouttes pressées.

LUCIE, *vivement.*

Qu'est-ce que c'est? *(A voix basse et lente.)* La pluie. *(Elle va jusqu'à la fenêtre et regarde tomber la pluie. Un temps.)* Il y a trois mois que je n'avais entendu le bruit de la pluie. *(Un temps.)* Mon Dieu, pendant tout ce temps, il a fait beau, c'est horrible. Je ne me

rappelais plus, je croyais qu'il fallait toujours vivre
sous le soleil. *(Un temps.)* Elle tombe fort, ça va
sentir la terre mouillée. *(Ses lèvres se mettent à trembler.)* Je ne veux pas... je ne veux pas...

> *Henri et Canoris viennent près d'elle.*

HENRI

Lucie!

LUCIE

Je ne veux pas pleurer, je deviendrais comme une
bête. *(Henri la prend dans ses bras.)* Lâchez-moi!
(Criant.) J'aimais vivre, j'aimais vivre!

> *Elle sanglote sur l'épaule d'Henri.*

LE MILICIEN, *s'avançant.*

Alors? c'est l'heure.

CANORIS, *après un regard à Lucie.*

Va dire à tes chefs que nous allons parler.

> *Le milicien sort. Un temps.*

LUCIE, *se reprenant.*

C'est vrai? Nous allons vivre? J'étais déjà de
l'autre côté... Regardez-moi. Souriez-moi. Il y a si
longtemps que je n'ai vu de sourire... Est-ce que
nous faisons bien, Canoris? Est-ce que nous faisons
bien?

CANORIS

Nous faisons bien. Il faut vivre. *(Il s'avance vers
un milicien.)* Va dire à tes chefs que nous allons
parler.

> *Le milicien sort.*

SCÈNE IV

LES MÊMES, LANDRIEU, PELLERIN, CLOCHET.

LANDRIEU

Eh bien?

CANORIS

Sur la route de Grenoble, à la borne 42, prenez le sentier à main droite. Au bout de cinquante mètres en forêt vous trouverez un taillis et derrière le taillis une grotte. Le chef est caché là avec des armes.

LANDRIEU, *aux miliciens.*

Dix hommes. Qu'ils partent aussitôt. Tâchez de le ramener vivant. *(Un temps.)* Reconduisez les prisonniers là-haut.

Les miliciens font sortir les prisonniers. Clochet hésite un instant, puis se glisse derrière eux.

SCÈNE V

LANDRIEU, PELLERIN, *puis* CLOCHET.

PELLERIN

Tu crois qu'ils ont dit la vérité?

LANDRIEU

Naturellement. C'est des bêtes. *(Il s'assied au bureau.)* Eh bien? On a fini par les avoir. Tu as vu leur sortie? Ils étaient moins fiers qu'à l'entrée. *(Clochet rentre. Aimablement.)* Alors, Clochet? On les a eus?

CLOCHET, *se frottant les mains d'un air distrait.*

Oui, oui; on les a eus.

PELLERIN, *à Landrieu.*

Tu les laisses vivre?

LANDRIEU

Oh! de toute façon, à présent... *(Salve sous les fenêtres.)* Qu'est-ce que...? *(Clochet rit d'un air confus derrière sa main.)* Clochet, tu n'as pas...

Clochet fait signe que oui en riant toujours.

CLOCHET

J'ai pensé que c'était plus humain.

LANDRIEU

Salaud!

Deuxième salve, il court à la fenêtre.

PELLERIN

Laisse donc, va, jamais deux sans trois.

LANDRIEU

Je ne veux pas...

PELLERIN

On aurait bonne mine aux yeux du survivant.

CLOCHET

Dans un instant, personne ne pensera plus rien de tout ceci. Personne d'autre que nous.

Troisième salve. Landrieu tombe assis.

LANDRIEU

Ouf!

Clochet va à la radio et tourne les boutons. Musique.

RIDEAU

DU MÊME AUTEUR

Iconographie

SARTRE, IMAGES D'UNE VIE, album préparé par L. Sendyk-
 Siegel, commentaire de Simone de Beauvoir.

ALBUM SARTRE, iconographie choisie et commentée par Annie
 Cohen-Solal.

Impression Novoprint
à Barcelone, le 19 septembre 2017
Dépôt légal: septembre 2017
Premier dépôt légal dans la collection: mai 1972

ISBN 978-2-07-036868-6./Imprimé en Espagne.

325158